Libérez la magie qui est en vous

De l'initiation à la maîtrise : Votre chemin vers la magie blanche et la sorcellerie

D1722252

Arielle Ashwood

ISBN : 9798856697871

SOMMAIRE

Votre voyage magique commence ici

Dans le murmure silencieux de la nuit, lorsque les étoiles scintillent comme autant de sentinelles célestes, la magie nous appelle. Elle résonne dans l'âme de ceux qui cherchent, qui questionnent et qui aspirent à une compréhension plus profonde de l'univers et d'eux-mêmes. La magie n'est pas une fantaisie enfantine, ni un tour de passe-passe destiné à impressionner. Elle est une voie ancienne, un chemin sacré qui nous reconnecte avec les forces mystérieuses qui façonnent notre monde.

Chère lectrice, cher lecteur, c'est un appel à l'aventure que vous tenez entre vos mains. Un appel à explorer votre propre chemin magique, à découvrir les secrets cachés de la magie blanche et de la sorcellerie, et à libérer la puissance qui réside en vous.

Une Quête Personnelle

Vous avez peut-être senti un frisson de curiosité, une étincelle d'intérêt qui vous a poussé à prendre ce livre. Peut-être que la magie a toujours été pour vous un mystère attirant, ou peut-être avez-vous ressenti un appel intérieur, une pulsation inexplicable qui vous dit que vous êtes destiné à quelque chose de plus grand. Quelle que soit la raison, vous êtes ici, prêt à embarquer dans un voyage qui transformera votre vie.

Dans ce livre, "Libérez la magie qui est en vous: De l'initiation à la maîtrise – Votre chemin vers la magie blanche et la sorcellerie," vous trouverez non seulement des connaissances et des techniques, mais aussi une inspiration et un guide pour votre propre exploration magique.

La Magie: Un Art, Une Science, Une Philosophie

La magie est à la fois un art, une science et une philosophie. Elle est un art dans la manière dont elle cultive la beauté, la créativité et l'expression personnelle. Elle est une science dans la manière dont elle étudie les lois cachées de l'univers et les met en application. Et elle est une philosophie, offrant une sagesse profonde et une réflexion sur la nature de l'existence.

Loin des caricatures d'êtres maléfiques et des sortilèges diaboliques, la magie blanche et la sorcellerie incarnent une quête de lumière, d'harmonie et de sagesse. Elles nous enseignent comment aligner nos désirs avec les forces universelles, comment transformer nos rêves en réalité et comment vivre en harmonie avec la nature et les autres.

Ce livre est un guide pratique, fournissant des instructions claires et étape par étape pour divers rituels et pratiques. Mais il est plus que cela. Il est une invitation à une transformation personnelle, à une renaissance de soi-même.

Un Voyage à Travers les Âges

La magie blanche et la sorcellerie ne sont pas de nouvelles inventions, ni des tendances passagères. Elles sont ancrées dans les traditions anciennes qui remontent à des temps immémoriaux. Depuis les chamanes des tribus primitives aux alchimistes médiévaux, les humains ont cherché à comprendre et à maîtriser les forces invisibles qui régissent notre monde.

Dans cette quête éternelle, différents chemins ont été tracés, diverses écoles de pensée ont émergé, chacune offrant une perspective unique sur la magie. Vous découvrirez dans ce livre une fusion de ces traditions, une synthèse de la sagesse qui transcende les barrières culturelles et temporelles.

Des Mythes et Des Légendes

Les mythes et les légendes qui entourent la magie sont nombreux, et souvent, ils masquent la vérité plutôt qu'ils ne la révèlent. Les sorcières, les enchanteurs, les druides – ces figures ont été déformées par l'histoire, caricaturées par la fiction. Mais derrière ces images se cachent des vérités profondes, des leçons de vie qui nous parlent encore aujourd'hui.

Ce livre vous aidera à démêler le mythe de la réalité, à voir au-delà des stéréotypes et à reconnaître la véritable essence de la magie. Il vous guidera à travers les pratiques authentiques, basées sur les principes éthiques et spirituels qui ont été transmis à travers les générations.

Votre Guide Pratique

"Libérez la magie qui est en vous" n'est pas simplement un livre théorique. Il est conçu comme un guide pratique, rempli d'exercices, de rituels et de méditations qui vous aideront à développer vos compétences magiques. De l'initiation à la maîtrise, chaque étape de votre voyage est soigneusement cartographiée, avec des instructions claires et accessibles.

Que vous soyez un débutant complet ou un praticien expérimenté, ce livre vous offrira de nouvelles perspectives, de nouveaux outils et une inspiration renouvelée. Il vous aidera à comprendre les bases, à développer vos talents, et à vous élever vers un niveau de maîtrise qui va au-delà de la simple exécution de rituels.

Votre voyage magique commence ici. Avec ce livre comme compagnon, vous explorerez les profondeurs de la magie blanche et de la sorcellerie, découvrant des trésors cachés de sagesse et de pouvoir. Vous apprendrez à voir le monde avec de nouveaux yeux, à toucher les mystères invisibles, à danser avec les forces de la nature.

Le chemin ne sera pas toujours facile. Il y aura des défis, des doutes et des obstacles. Mais avec le courage, la persévérance et la guidance contenue dans ces pages, vous surmonterez ces épreuves et vous vous épanouirez dans votre pouvoir magique.

La magie vous appelle. Elle attend que vous la découvriez, que vous l'embrassiez et que vous la façonniez selon votre propre vision unique. Alors prenez ce livre, ouvrez-le avec un cœur ouvert et une âme assoiffée de connaissance, et commencez le voyage de toute une vie.

Libérez la magie qui est en vous.

PARTIE 1

Les Fondations de la Magie

Chapitre 1 : Comprendre la Magie

La magie. Un mot qui évoque une multitude d'images et de sensations. Des étincelles de lumière dans une forêt enchantée, des murmures de sorts dans une pièce aux chandelles, des guérisons miraculeuses et des transformations étonnantes. Mais qu'est-ce que la magie, vraiment ? Comment s'inscrit-elle dans le tissu même de notre réalité ? Et quel est notre rôle en tant que praticiens dans ce domaine mystérieux et fascinant ?

Définition et Histoire

La magie. Ce simple mot évoque un monde d'émerveillement, de mystère, et de possibilités infinies. Mais qu'est-ce que la magie, au juste ? Est-elle simplement une rêverie de conte de fées, ou une force tangible qui nous entoure ?

Dans sa forme la plus élémentaire, la magie peut être définie comme l'art et la science d'utiliser l'énergie universelle pour influencer la réalité selon notre volonté. C'est une interaction consciente avec les forces invisibles qui gouvernent notre monde, une façon de danser avec l'univers en harmonie avec ses lois mystérieuses.

Mais cette définition, bien que vraie, ne capture pas l'essence complète de ce qu'est la magie. Pour l'appréhender pleinement, nous devons plonger dans son histoire riche et complexe.

La Magie dans l'Antiquité

La magie est aussi ancienne que l'humanité elle-même. Les premiers peuples la pratiquaient comme un moyen de comprendre et de manipuler les forces de la nature. Que ce soit les chamanes des tribus ancestrales ou les prêtres des grandes civilisations anciennes comme l'Égypte et la Mésopotamie, la magie était un élément central de leur culture et de leur spiritualité.

Dans l'Égypte ancienne, la magie, ou "Heka", était considérée comme un don divin. Les prêtres l'utilisaient pour guérir, protéger et communiquer avec les dieux. De même, les Mésopotamiens avaient un système complexe de divination et d'invocation des esprits

.

La Magie au Moyen Âge

Le Moyen Âge vit un changement radical dans la perception de la magie. Avec la montée du christianisme, la magie fut souvent associée à l'hérésie et à la sorcellerie. Cela entraîna une période sombre où la pratique de la magie était condamnée et persécutée.

Pourtant, même dans ces temps turbulents, la magie continua à prospérer sous différentes formes. L'alchimie, l'astrologie, et la kabbale devinrent des disciplines respectées, étudiées par des savants et des philosophes.

La Renaissance et l'Âge des Lumières

La Renaissance et l'Âge des Lumières marquèrent un renouveau dans la compréhension de la magie. Des penseurs tels que Paracelse et John Dee réintroduisirent l'idée que la magie pouvait être une force positive, liée à la nature et à la science.

L'alchimie évolua en chimie, et l'astrologie devint une étude plus structurée des étoiles et des planètes. La magie était à nouveau vue comme un outil d'illumination et de croissance spirituelle.

La Magie Moderne

Aujourd'hui, la magie continue d'évoluer et de s'adapter à notre monde moderne. Elle est pratiquée par des individus de tous horizons, dans des traditions variées comme le Wicca, le Druidisme, et l'Hérétisme.

La magie n'est plus simplement une pratique occulte, mais un chemin de vie, une quête de sagesse et de compréhension. Elle est une expression de notre désir inné de connexion avec l'univers, une façon d'embrasser notre pouvoir et notre potentiel.

La magie est un domaine vaste et complexe, qui transcende le temps et la culture. Elle est à la fois une science et un art, une philosophie et une pratique. En comprenant son histoire et sa définition, nous commençons à voir la magie non pas comme une abstraction lointaine, mais comme une partie intégrante de notre être et de notre monde.

C'est une invitation à l'émerveillement, à l'exploration et à l'épanouissement. La magie nous appelle, et il nous appartient de répondre.

Types de Magie : Blanche, Noire, Naturelle, etc.

La magie, dans son essence, est une force neutre. Elle n'est ni bonne ni mauvaise, mais prend sa couleur en fonction de l'intention et de la volonté de celui qui l'utilise. Au fil des siècles, différentes traditions et cultures ont créé et adopté divers types de magie, chacun avec ses propres principes, méthodes, et domaines d'application. Dans ce sous-chapitre, nous explorerons certains des types de magie les plus connus et influents.

1. Magie Blanche

La magie blanche évoque des images de pureté, de lumière et d'éthique sacrée. Elle se distingue par sa finalité altruiste, orientée vers le bien-être et l'harmonie. Dans les traditions ésotériques, la magie blanche est souvent présentée comme l'antithèse de la magie noire, une voie consacrée à la bonté et à la lumière. Voici quelques-uns des domaines où la magie blanche trouve son expression la plus authentique :

La Guérison

La guérison par la magie blanche n'est pas une simple affaire de remèdes et de potions. Il s'agit d'une pratique holistique qui englobe l'âme, le corps et l'esprit. Les praticiens de la magie blanche utilisent une synergie d'herbes sacrées, de cristaux vibrants et d'énergies subtiles pour guérir, revitaliser et restaurer l'équilibre. C'est une forme d'art qui nécessite empathie, intuition et une compréhension profonde de la nature humaine.

La Protection

La protection est une composante essentielle de la magie blanche. Elle va au-delà de la simple défense contre les forces néfastes. Les charmes, talismans et rituels conçus pour la protection servent de boucliers énergétiques, gardant à distance les influences négatives tout en renforçant la résilience spirituelle. La protection par la magie blanche crée un sanctuaire sûr où l'âme peut s'épanouir, à l'abri des turbulences du monde extérieur.

L'Amour

L'amour dans le contexte de la magie blanche n'est pas une affaire de séduction ou de contrôle. C'est une célébration de l'affection, de la compassion et de la connexion authentique. La magie blanche aide à cultiver l'amour et l'harmonie dans les relations en favorisant la compréhension, l'acceptation et la communication ouverte. Elle reconnaît l'amour comme une force universelle, un lien qui unit tous les êtres dans une danse d'interdépendance et de respect mutuel.

La magie blanche, avec sa sagesse ancestrale et ses principes éthiques, nous rappelle que la magie n'est pas simplement une question de pouvoir, mais aussi de responsabilité et d'intégrité. Elle est un chemin vers la réalisation de soi, un art qui exige une dévotion sincère et une intention pure. Dans un monde souvent troublé, la magie blanche offre une lumière guidante, un phare d'espoir, et une voie vers une existence plus enrichissante et harmonieuse.

2. Magie Noire

Dans l'imaginaire collectif, la magie noire est souvent enveloppée d'une aura de mystère, de peur et de fascination. Elle est associée aux forces obscures, aux rituels interdits et aux intentions malveillantes. Cependant, une compréhension plus nuancée nous révèle que la magie noire n'est pas intrinsèquement mauvaise. Elle est un outil, une voie ésotérique qui peut être employée à des fins diverses. Sa nature véritable est déterminée par l'intention de celui ou celle qui la manie. Voici quelques domaines où la magie noire trouve son expression :

La Malédiction

Dans le domaine de la malédiction, la magie noire peut être employée pour infliger des souffrances, contrôler ou manipuler autrui. Les sorts et incantations utilisés dans ce contexte sont chargés d'une énergie puissante, capable de perturber l'harmonie et l'équilibre. Mais il est crucial de reconnaître que chaque acte magique porte en lui la graine de sa propre répercussion. La malédiction est un chemin périlleux, où l'éthique et la prudence doivent être des guides constants.

La Nécromancie

La nécromancie, ou l'art de communiquer avec les morts, est une pratique ancienne et souvent mal comprise. Dans la magie noire, elle permet d'accéder à des informations cachées ou de solliciter des faveurs des esprits désincarnés. Loin d'être simplement une transgression morbidement fascinante, la nécromancie exige une compréhension profonde du voile qui sépare le monde des vivants de celui des morts, et une approche respectueuse de ces forces mystérieuses.

Les Pactes

La création de pactes avec des entités puissantes est une autre facette de la magie noire. Ces accords solennels peuvent offrir pouvoir, richesse et influence, mais ils ne sont jamais conclus sans prix. Le praticien doit souvent offrir quelque chose en retour, que ce soit une partie de son essence, son allégeance ou un service spécifique. Les pactes magiques sont des engagements sérieux et profonds, qui ne doivent jamais être pris à la légère.

La magie noire, loin d'être une simple caricature du mal et de la dépravation, est une voie complexe et nuancée. Elle offre des possibilités puissantes et des leçons profondes, mais elle exige également une grande responsabilité, une conscience aiguisée et une compréhension subtile de ses forces et dangers. Dans les mains d'un praticien averti et éthique, la magie noire peut être un outil d'exploration et de transformation. Dans les mains d'un novice ou d'un imprudent, elle peut devenir une spirale descendante vers la destruction et le chaos. La magie noire nous enseigne que la véritable puissance réside dans la sagesse, la maîtrise de soi et la capacité à naviguer dans les ombres avec intégrité et courage.

3. Magie Naturelle

La magie naturelle est une symphonie silencieuse qui résonne dans le battement de cœur de la Terre et dans le souffle des vents. Elle est la danse des flammes et le murmure des eaux, un écho de la sagesse ancienne qui réside dans chaque pierre, chaque plante, chaque être vivant. La magie naturelle est l'art d'être en harmonie avec la nature, de comprendre ses lois et de les utiliser pour manifester des changements positifs et équilibrés. Voici quelques-unes de ses expressions les plus profondes :

L'Herbalisme

L'herbalisme est une pratique ancestrale qui reconnaît la sagesse et la puissance curative des plantes et des herbes. Dans la magie naturelle, l'herbalisme est bien plus qu'un simple remède ; c'est une communion avec l'essence même de la nature. Chaque plante porte en elle une signature énergétique unique, capable de guérir, protéger, et accomplir des désirs. La connaissance des herbes est un chemin sacré, un dialogue continu avec la Terre et ses dons inestimables.

Les Éléments

Les éléments – la Terre, l'Air, le Feu et l'Eau – sont les piliers de la magie naturelle. Travailler avec ces énergies, c'est toucher à la matrice même de l'existence. C'est comprendre que nous sommes faits de la même substance que les montagnes et les océans, les vents et les étoiles. En apprenant à maîtriser et à harmoniser ces forces, le praticien peut créer des transformations profondes, non seulement dans son environnement immédiat mais aussi dans son être intérieur.

Le Chamanisme

Le chamanisme est la voie de la connexion avec les esprits de la nature et les ancêtres. C'est un voyage mystique qui transcende le voile du physique et plonge dans les royaumes invisibles où résident les guides et les gardiens. Par le biais de rituels, de méditations et de pratiques sacrées, le chaman établit une relation profonde et intime avec ces forces, cherchant guidance, sagesse et guérison.

La magie naturelle est un appel à retourner à nos racines, à reconnaître et à honorer notre lien indissoluble avec la Terre et tout ce qui vit. Elle est un rappel que la magie n'est pas une abstraction lointaine, mais une réalité vivante, palpable, qui coule dans nos veines et nous entoure à chaque instant. C'est une voie de respect, de gratitude et d'amour pour le monde qui nous porte, un chemin qui nous enseigne à vivre en harmonie avec nous-mêmes et avec tout ce qui est.

4. Magie Cérémonielle

La magie cérémonielle est une symphonie ordonnée de symboles, de gestes, et de mots, une danse méticuleuse entre le visible et l'invisible. C'est l'art de toucher l'ineffable par la précision et la discipline, un chemin vers le divin guidé par la volonté et la sagesse. Voici quelques-unes des voies les plus profondes et complexes de cette forme de magie :

La Haute Magie

La Haute Magie est une quête de la perfection et de l'absolu, une exploration des mystères les plus profonds de l'univers par le biais de symboles, de langues anciennes et de rituels élaborés. Elle exige une compréhension profonde des lois ésotériques et une maîtrise de soi sans faille. La Haute Magie n'est pas une pratique légère ; c'est un engagement envers la vérité, une aspiration à transcender le terrestre et à toucher l'éternel.

La Théurgie

La Théurgie est la science sacrée de la communion avec les divinités et les anges. C'est un chemin d'illumination spirituelle, guidé par l'amour et la dévotion. À travers des rituels soigneusement conçus et une méditation profonde, le théurge cherche à établir une connexion intime avec le divin, à s'élever au-delà de la matière et à atteindre une harmonie avec l'univers. La Théurgie est une voie d'humilité et de sagesse, un rappel constant que nous sommes tous des étincelles du divin.

L'Alchimie

L'Alchimie est l'art de la transformation, tant des substances que de soi-même. Elle est un processus symbolique qui reflète le voyage de l'âme vers la perfection. L'Alchimie n'est pas seulement une quête de la pierre philosophale ou de l'or ; c'est une exploration profonde de l'essence de la vie, une recherche de l'harmonie et de l'équilibre. À travers la pratique de l'Alchimie, le magicien apprend à voir au-delà des apparences, à comprendre la nature profonde des choses et à travailler avec les forces primordiales de la création.

La magie cérémonielle est une voie exigeante, un chemin qui demande une étude sérieuse, une pratique constante, et une intégrité inébranlable. Elle est un pont entre le terre à terre et le transcendant, une clé qui ouvre les portes des royaumes supérieurs. Pour ceux qui sont appelés à suivre cette voie, la magie cérémonielle offre des perspectives inestimables de croissance, de compréhension et d'élévation. C'est un héritage précieux, une lumière dans l'obscurité, un appel à l'excellence et à la réalisation de soi.

La magie est un domaine incroyablement riche et diversifié. Chaque type de magie offre une voie unique vers la compréhension de soi-même et de l'univers. Qu'il s'agisse de la douceur apaisante de la magie blanche, de la puissance audacieuse de la magie noire, de la sagesse naturelle de la magie naturelle, ou de la discipline de la magie cérémonielle, chaque chemin est une aventure en soi.

Comprendre ces différents types de magie nous permet non seulement d'apprécier la complexité et la beauté de cet art, mais aussi de trouver notre propre voie dans cette tradition ancienne et mystérieuse. La magie nous appelle à explorer, à apprendre, et à grandir. Chacun de ces chemins offre une opportunité unique de découverte et de transformation.

C'est une quête sans fin, un voyage qui nous emmène au plus profond de nous-mêmes et au-delà des étoiles.

Exemples de Magiciens et Magiciennes Connus et Leur Type de Magie

Merlin : Magie Cérémonielle et Naturelle

Merlin, le légendaire magicien de la mythologie arthurienne, est un symbole de la sagesse et de la puissance magique. Ses pratiques magiques embrassaient à la fois la magie cérémonielle et naturelle.

- *Magie Cérémonielle :* Merlin était versé dans l'art de la haute magie, utilisant des symboles, des langues anciennes, et des rituels précis pour accomplir ses œuvres.
- *Magie Naturelle :* En harmonie avec les éléments et les forces de la nature, Merlin utilisait la magie naturelle pour communiquer avec les animaux, contrôler les éléments et guérir.

Morgan le Fay : Magie Noire

Morgan le Fay, également connue dans les légendes

arthuriennes, est souvent associée à la magie noire. Ses pouvoirs étaient à la fois séduisants et redoutés.

- **Malédiction** : Elle était capable de jeter des malédictions et des sorts pour contrôler ou punir ceux qui s'opposaient à elle.
- **Nécromancie :** Sa maîtrise de la communication avec les morts lui permettait d'obtenir des informations et des faveurs d'outre-tombe.
- **Pactes** : On dit que Morgan le Fay a fait des pactes avec des entités puissantes, acquérant ainsi un pouvoir et une influence considérables.

Hildegard von Bingen : Magie Blanche

Hildegard von Bingen, une moniale, compositrice et écrivaine du 12e siècle, est moins connue comme une praticienne de la magie blanche, mais ses œuvres reflètent une profonde compréhension de la guérison et de la connexion spirituelle.

- **Guérison :** Hildegard était une herboriste compétente et utilisait des plantes et des herbes pour guérir les maladies et promouvoir le bien-être.
- **Protection :** Ses écrits et ses prières étaient conçus

pour offrir une protection spirituelle et physique.

- ***Amour*** : La philosophie et la musique d'Hildegard célèbrent l'amour divin et l'harmonie, alignées avec les principes de la magie blanche.

Ces exemples illustrent la diversité et la complexité de la magie dans différentes traditions et époques. Merlin, Morgan le Fay, et Hildegard von Bingen représentent trois voies distinctes dans l'art magique, reflétant les nuances et les facettes de ce domaine fascinant.

La magie n'est pas monolithique; elle est vivante, changeante, et infiniment variée. Ces figures historiques et légendaires nous rappellent que la magie est une exploration constante de notre potentiel et de notre connexion avec l'univers.

Éthique et Responsabilité

La magie, un chemin vers l'infini potentiel de l'univers, n'est pas un art à prendre à la légère. Comme toute forme de pouvoir, elle vient avec une grande responsabilité. Ce chapitre explore l'éthique et la responsabilité inhérentes à la pratique de la magie, vous guidant à travers les principes fondamentaux qui façonnent le caractère et l'âme d'un véritable magicien.

Les Trois Lois de la Magie

Dans les méandres de la sagesse ésotérique et les sentiers mystiques de la connaissance ancienne, les lois et les principes éthiques servent de phares, guidant les praticiens de la magie dans leur quête de pouvoir et de compréhension. Trois lois, en particulier, se tiennent comme des piliers universels, transcendant les cultures et les traditions, éclairant la voie vers une pratique responsable et éclairée :

1. La Loi de l'Analogie

Cette loi proclame l'unité fondamentale de toute existence. "Tout est lié", affirme-t-elle, et dans cette simple vérité réside une profonde sagesse. La magie, reconnaissant l'interconnexion de toute vie, enseigne que chaque acte, chaque pensée, chaque émotion résonne à travers le tissu de l'existence. Ce que vous faites à un autre, vous le faites à vous-même, et ce principe s'étend bien au-delà des frontières de l'individualité. La Loi de l'Analogie est un appel à la compassion, à l'empathie, et à la conscience profonde de notre place dans le grand tout.

2. La Loi du Retour

La Loi du Retour est une mise en garde et une promesse. Elle déclare que ce que vous envoyez dans l'univers vous reviendra, souvent multiplié. Les bénédictions que vous dispensez fleuriront en abondance, mais les malédictions que vous lancez peuvent se transformer en tempêtes. Cette loi enseigne la responsabilité et la prudence, elle rappelle que chaque acte magique est une semence plantée, et que la récolte dépend de la nature de la semence. La Loi du Retour est une invitation à la sagesse et à la réflexion, un miroir qui reflète nos intentions et nos désirs.

3. La Loi de l'Harmonie

Dans la danse cosmique de la création, l'harmonie est la musique qui guide les pas. La Loi de l'Harmonie exhorte les magiciens à pratiquer leur art en accord avec la nature, le cosmos, et l'équilibre inhérent à toutes choses. Elle n'est pas une contrainte, mais une harmonisation, une manière de travailler avec les forces naturelles plutôt que contre elles. La Loi de l'Harmonie est une ode à la beauté et à la grâce, un chant d'amour pour la terre et les étoiles, une étreinte douce avec le rythme de la vie.

Les Trois Lois de la Magie ne sont pas de simples règles ; elles sont des enseignements, des philosophies, des guides qui ouvrent la porte à une pratique magique plus profonde, plus consciente, et plus éthique. Elles sont les gardiennes de la sagesse ancestrale, des voix qui chantent à travers les âges, rappelant à tous ceux qui cherchent à marcher sur le chemin magique que le pouvoir vient avec la responsabilité, que la connaissance apporte l'humilité, et que la véritable magie réside dans l'harmonie avec soi-même et avec le monde.

Les Principes Éthiques de la Magie Blanche

La magie blanche est bien plus qu'un simple chemin de mysticisme et de pouvoir ; c'est une voie éclairée par l'éclat radieux de la lumière et de la guérison. Elle s'étend comme une route sacrée, balisée par l'amour, la compassion, et la sagesse. Ceux qui la suivent sont appelés non seulement à maîtriser les arts ésotériques, mais aussi à incarner des principes éthiques qui forment l'âme et le cœur de la pratique. Voici les trois piliers qui soutiennent la magie blanche :

La Bienveillance

Au cœur de la magie blanche se trouve le désir ardent de bienfaisance, l'aspiration à utiliser le pouvoir magique pour enrichir, élever, et embellir la vie des autres. La bienveillance n'est pas une simple gentillesse ; c'est une force puissante qui cherche à guérir sans causer de préjudice, à aider sans attendre de récompense. Elle est l'écho d'une âme qui a choisi de tendre la main dans la gentillesse, d'éteindre la souffrance avec l'amour, de tracer un chemin de lumière dans l'obscurité.

La Compassion

La compassion, en magie blanche, n'est pas simplement une réponse émotionnelle à la douleur des autres ; c'est une profonde compréhension de la nature de la souffrance, et un engagement actif à soulager cette douleur. La compassion est un appel à l'empathie, une invitation à entrer dans les chaussures de l'autre, à ressentir sa douleur et à agir avec une tendresse sincère. Elle est le regard doux et aimant que le magicien porte sur le monde, une étreinte chaleureuse qui dit : "Je suis ici pour toi."

La Sagesse

La sagesse est la lumière qui guide le magicien blanc à travers les méandres complexes de la pratique magique. Elle est une quête incessante de connaissance, de discernement, et d'illumination. Mais la sagesse va au-delà de la simple accumulation de savoir ; elle exige une réflexion profonde, une compréhension authentique, et une application réfléchie de la connaissance. La sagesse est la boussole morale du magicien, le phare qui éclaire la voie à suivre, et le sage conseiller qui murmure à l'oreille : "Apprends, comprends, et agis avec intégrité."

Les Principes Éthiques de la Magie Blanche sont plus que de simples règles ; ils sont le reflet de la lumière intérieure, les vertus qui animent l'âme du magicien. Ils sont le chant de la pureté, l'hymne de la compassion, et l'écho de la sagesse ancestrale. Marcher sur le chemin de la magie blanche, c'est embrasser ces principes avec un cœur ouvert, c'est transformer la pratique magique en un acte d'amour, et c'est illuminer le monde avec la douce lueur de la bonté et de la grâce.

Les Dangers de la Magie Noire

Dans les ombres profondes et impénétrables de l'univers mystique, se cache une voie ténébreuse et séduisante : la magie noire. Elle chuchote des promesses de puissance, de domination, et de victoire, mais elle porte en elle un danger mortel, un poison qui s'insinue silencieusement dans l'âme. Voici les dangers qui guettent ceux qui osent s'aventurer dans les abysses de la magie noire :

La Corruption

La magie noire est un abîme obscur, et la soif de pouvoir qu'elle inspire peut corrompre même le plus pur des cœurs. Elle transforme la noblesse en cruauté, l'humanité en monstre, l'âme en une coquille vide. La corruption n'est pas une chute soudaine, mais une descente lente et tortueuse, un glissement imperceptible vers les ténèbres. Elle est la trahison de soi-même, le renoncement à l'amour, la perte de l'humanité.

Les Conséquences Inattendues

Dans les mains inexpertes, la magie noire est un serpent venimeux, prêt à mordre son maître. Les sorts maléfiques, lancés sans précaution, peuvent se retourner contre le sorcier, engendrant des effets imprévus et dévastateurs. Un maléfice négligemment jeté peut devenir une tempête incontrôlable, détruisant tout sur son passage, y compris celui qui l'a invoqué. Les conséquences inattendues sont les éclats brisés d'un miroir magique, des fragments tranchants qui blessent et déchirent.

L'Influence Négative

La magie noire attire à elle des forces obscures, des entités malveillantes, des énergies indésirables. Celui qui la pratique ouvre une porte sur un monde sinistre, un royaume peuplé d'ombres et de cauchemars. L'influence négative n'est pas une simple nuisance ; c'est une invasion, une possession, une malédiction silencieuse qui peut consumer l'esprit et l'âme. Elle est la voix insidieuse qui murmure dans l'obscurité, la main froide qui saisit le cœur.

Les Dangers de la Magie Noire ne sont pas un conte pour effrayer les enfants ; ils sont la réalité sombre et implacable de ceux qui choisissent de danser avec les démons. Ils sont les chaînes qui entravent, les flammes qui brûlent, les ombres qui étouffent. La magie noire n'est pas simplement une voie périlleuse ; elle est un chemin jonché de pièges mortels, un labyrinthe sans fin qui peut engloutir même le plus brave des magiciens. Il faut une grande sagesse, une forte volonté, et une âme inébranlable pour naviguer dans ces eaux sombres sans être englouti par les vagues implacables de la corruption, des conséquences inattendues, et de l'influence négative.

La Responsabilité du Magicien

Dans le vaste univers mystique, le magicien se dresse comme un gardien des forces ancestrales, un sculpteur de l'énergie, un artiste de l'occulte. Mais avec le grand pouvoir qu'il détient vient une responsabilité plus grande encore, un devoir sacré qui transcende les simples règles et s'élève au rang d'une éthique profonde. Voici les piliers de cette responsabilité, les principes immuables qui guident le magicien dans son voyage spirituel :

1. Le Respect des Lois

Le magicien est un citoyen de deux mondes : celui de la nature et celui de la société. Il doit respecter les lois qui régissent ces deux royaumes, obéir aux rythmes de la Terre, honorer les codes de l'humanité. Le respect des lois n'est pas une contrainte, mais une harmonie, un équilibre délicat qui permet à la magie de s'épanouir sans déranger l'ordre établi.

2. Le Consentement

La magie est une force intime, un lien sacré qui unit les âmes. Pratiquer la magie sur quelqu'un sans son consentement explicite, c'est violer ce lien, c'est profaner l'intimité de son être. Le consentement est une clé d'or qui ouvre la porte de la confiance, une promesse silencieuse qui lie le magicien à son sujet dans un pacte de respect et d'honneur.

3. La Connaissance

Le magicien est un érudit de l'invisible, un maître des arcanes. Il doit comprendre pleinement les rituels et les sorts avant de les réaliser, car la magie est une langue ancienne, un dialecte subtil qui ne tolère pas l'ignorance. La connaissance est la lampe qui éclaire le chemin du magicien, la boussole qui le guide à travers les labyrinthes de l'occulte.

4. La Prudence

La magie est une flamme qui danse au bord de l'abîme, une énergie puissante qui demande à être maniée avec soin. Le magicien doit évaluer les risques et les conséquences avant d'agir, car chaque sort a son prix, chaque rituel ses échos. La prudence est le bouclier du magicien, le rempart qui le protège des tempêtes imprévues, des réactions en chaîne, des retours de flamme.

La Responsabilité du Magicien n'est pas un fardeau, mais une vocation, un appel à la grandeur, une quête d'excellence. Elle est le serment que le magicien prononce devant les étoiles, la promesse qu'il fait à lui-même et au monde. Elle est le fil d'or qui tisse la trame de son existence, le code d'honneur qui forge son caractère, le phare qui éclaire sa route. Dans le respect, le consentement, la connaissance, et la prudence, le magicien trouve sa force, sa dignité, et sa sagesse, et il se tient debout, fier et inébranlable, sur le sommet de son art.

.

L'Éthique dans les Traditions Ésotériques

Dans le kaleidoscope infini de la spiritualité humaine, l'éthique se déploie comme une mosaïque complexe, un tissage subtil de valeurs, de principes et de convictions qui reflète la richesse et la diversité des traditions ésotériques. Elle n'est pas un monolithe rigide, mais une rivière aux multiples affluents, nourrie par les cultures et les croyances de chaque époque et chaque lieu. Examinons de plus près quelques-unes de ces traditions, et découvrons les joyaux éthiques qui les illuminent :

1. Le Wicca

Dans le jardin fleuri de la Wicca, le Wiccan Rede scintille comme une étoile du matin : "Ne fais pas de mal, fais ce que tu veux." Ce principe, à la fois simple et profond, est le cœur battant de la tradition wiccane. Il n'ordonne pas, il ne contraint pas, il invite. Il appelle à la liberté, mais aussi à la responsabilité, à la sagesse, à l'amour. Il est une boussole douce qui guide sans forcer, un phare qui éclaire sans éblouir.

2. Le Druidisme

L'éthique druidique est un chant de la terre, une symphonie de la nature. Elle résonne dans le murmure des feuilles, dans le rire des rivières, dans le souffle des montagnes. L'harmonie avec la nature est au cœur de cette éthique, une communion sacrée avec le monde vivant, une alliance d'amour et de respect avec la Mère Terre. Le druidisme ne sépare pas l'homme de la nature, il les unit dans une danse éternelle, dans une étreinte infinie.

3. L'Hermeticisme

L'Hermeticisme est une quête de l'équilibre, une ascension vers l'union avec le divin. L'éthique hermétique est une échelle céleste, un chemin d'or qui mène à la transcendance. Elle cherche l'équilibre entre le bas et le haut, l'intérieur et l'extérieur, l'humain et le divin. Elle aspire à l'harmonie, à la sérénité, à la perfection. L'Hermeticisme n'est pas une fuite du monde, mais une élévation, une montée vers les sommets lumineux de l'existence.

L'éthique et la responsabilité en magie ne sont pas de simples abstractions philosophiques; elles sont le cœur et l'âme de la pratique. Le véritable magicien reconnaît que la magie n'est pas un simple outil, mais un chemin sacré, un voyage de découverte et d'illumination qui exige respect, sagesse, et compassion.

Dans le miroir de la magie, nous nous voyons nous-mêmes, nos forces et nos faiblesses, notre lumière et notre ombre. L'éthique n'est pas une contrainte; c'est une carte, un guide qui nous mène à notre véritable potentiel.

Nous voici arrivés au terme d'une quête qui n'a été que le commencement d'une aventure sans fin. Une aventure qui vous a vu embrasser des mystères ancestraux, des sagesses cachées, et la puissance éthérée qui réside en vous et tout autour de vous.

Dans les pages que vous venez de parcourir, vous avez appris les bases, mais aussi les nuances délicates de l'art de la magie. Vous avez exploré les types de magie et vous avez senti l'appel de la responsabilité qui pèse sur les épaules de tous ceux qui choisissent cette voie.

Mais quel est le chemin qui vous appelle ? Vers quelle magie votre âme vibre-t-elle ? Est-ce la pureté de la magie blanche, la complexité de la magie naturelle, ou la puissance intrigante de la magie noire ? Interrogez-vous, car la réponse réside au plus profond de vous. Voici quelques questions pour vous guider :

Quelles sont les émotions qui vous animent lorsque vous pensez à la magie ?

Quels éléments de la nature vous attirent le plus ?

Quels sont vos désirs profonds et comment souhaitez-vous que la magie vous aide à les réaliser ?

Dans quel but souhaitez-vous utiliser vos dons magiques ?

La magie n'est pas simplement un outil; c'est une expression de notre âme, un reflet de notre essence véritable.

Elle peut être lumière, elle peut être ombre. Elle peut guérir, mais elle peut aussi blesser. Elle est le miroir de notre humanité, complexe et riche.

Je vous laisse avec ces mots : Soyez conscients. Soyez courageux. Soyez bienveillants. Car la magie vous récompensera avec la même énergie que vous lui apportez. Elle vous ouvrira des portes que vous ne soupçonniez pas, et vous guidera vers une sagesse et une compréhension plus profondes de vous-même et de l'univers.

La voie de la magie vous attend. Puissiez-vous la parcourir avec dignité, amour et une insatiable curiosité.

Libérez la magie qui est en vous, et que votre chemin soit éclairé par les étoiles.

....

Chapitre 2 : Les Outils Magiques ?

Si vous avez déjà ouvert votre esprit à l'étreinte subtile de la magie, vous savez que la puissance ne réside pas seulement en vous, mais aussi dans les objets qui vous entourent.

Ces objets, ces symboles, ces instruments de pouvoir, n'ont rien d'ordinaire. Une baguette, un cristal, un encens : ce sont bien plus que de simples outils. Ils sont les clefs qui ouvrent les portes du cosmos, les miroirs qui reflètent votre essence, les catalyseurs qui amplifient vos désirs et vos intentions.

Dans ce chapitre, nous plongerons au cœur des mystères de ces outils magiques. Nous explorerons leurs formes, leurs fonctions, leur essence. Nous révélerons les secrets de leur création, de leur consécration, de leur utilisation et de leur entretien.

Avec une révérence respectueuse, nous apprendrons à choisir les objets qui résonnent avec notre âme. Nous apprendrons à les imprégner de notre essence, à les bénir, à les consacrer pour des desseins nobles.

Mais prenez garde, cher aspirant sorcier, car ces objets ne sont pas des jouets. Ils requièrent un soin, une attention, une compréhension profonde. Mal utilisés, ils peuvent se retourner contre vous. Bien utilisés, ils deviendront vos plus fidèles alliés sur le chemin de la maîtrise magique.

Êtes-vous prêt à empoigner votre baguette ? À toucher le cœur de votre cristal ? À sentir la fragrance de l'encens magique ? Alors, avancez avec moi, car le voyage commence ici.

Baguettes, Cristaux, Encens

Les Baguettes Magiques

La baguette magique, cet objet de légende qui a enchanté les histoires et les contes à travers les âges. Elle est plus qu'un simple bâton ; c'est une extension de soi, un conduit pour canaliser et diriger l'énergie magique.

Composition et Fabrication : Chaque baguette est unique et résonne avec l'âme de son propriétaire. Fabriquée à partir de bois précieux comme le saule, le chêne, ou l'ébène, elle peut contenir une essence magique, telle qu'une plume de phénix ou un poil de licorne.

Utilisation : Apprendre à maîtriser une baguette demande patience et pratique. Chaque geste, chaque mouvement doit être précis et intentionnel.

Entretien : Une baguette doit être traitée avec respect et amour. La nettoyer avec des huiles essentielles et la recharger à la lumière de la lune peut maintenir sa puissance.

Mon anecdote : Il était une fois un jeune apprenti magicien nommé Élian, qui se rendit dans l'atelier du vieux maître baguettier, Seraphin. Maladroit et incertain, il essaya baguette après baguette, sans trouver celle qui lui correspondait. Mais quand il prit en main une baguette en bois de cerisier avec un cœur de plume de griffon, un éclat magique illumina la pièce. La baguette l'avait choisi, et Élian devint l'un des plus grands sorciers de son temps.

Les Cristaux

Les cristaux, ces pierres précieuses, sont des condensés de l'énergie terrestre. Ils vibrent à des fréquences qui peuvent guérir, protéger, et amplifier la magie.

Types et Propriétés : Chaque cristal possède sa propre vibration. Le quartz rose pour l'amour, l'améthyste pour la sagesse, le jaspe pour la protection.

Chargement et Activation : Les cristaux peuvent être chargés sous la lumière de la lune ou au soleil, baignés dans de l'eau salée, ou enfouis dans la terre.

Utilisation en Magie : Utilisés dans les grimoires, les rituels, ou simplement portés comme talismans, les cristaux sont des compagnons puissants dans la pratique magique.

Mon anecdote : Lors d'un voyage dans les montagnes mystiques de Crystallia, une sorcière du nom de Lyria découvrit une grotte remplie de cristaux lumineux. Intriguée, elle s'approcha d'un cristal d'émeraude scintillant et sentit une énergie de guérison l'envahir. Elle prit le cristal et l'utilisa dans ses potions et sortilèges, créant des remèdes jamais vus auparavant. Cette émeraude devint sa plus précieuse alliée, et la légende de la sorcière guérisseuse se propagea à travers les terres.

L' Encens

L'encens, cette fumée parfumée, est une offrande aux divinités, un moyen de purification et une façon d'élever l'esprit.

Types et Utilisations : Encens de sauge pour la purification, de lavande pour la paix, de myrrhe pour la méditation.

Combustion et Manipulation : Brûler de l'encens requiert une attention particulière. La qualité de la combustion, la manière de disperser la fumée, tout a son importance.

Rôle dans les Rituels : L'encens est souvent utilisé pour consacrer un espace sacré, pour appeler les énergies supérieures, ou pour accompagner une méditation profonde.

Mon anecdote : Dans le village paisible de Sereniville, un vieux sage du nom d'Orion avait l'habitude de brûler un encens spécial chaque matin. Les villageois étaient attirés par l'odeur divine, un mélange de jasmin et de bois de santal. Un jour, une enfant curieuse lui demanda le secret de cet encens. Orion sourit et raconta qu'il avait trouvé cette recette dans un vieux grimoire, et que cet encens avait le pouvoir de calmer les esprits et d'apaiser les cœurs. Depuis, chaque matin, les villageois se rassemblaient autour de la maison d'Orion, respirant l'encens et commençant leur journée avec paix et harmonie.

Ces objets, ces instruments de magie, sont bien plus que de simples outils. Ils sont des amis, des guides, des maîtres. Avec eux, nous ne sommes jamais seuls sur le chemin mystique. Ils nous enseignent, nous inspirent, nous défient.

Apprenez à les connaître, à les comprendre, à les aimer. Car en eux réside une part de la magie qui est en vous.

.

Chapitre 2 : Les Outils Magiques

Dans le monde mystique de la magie, l'art de créer et de consacrer des outils magiques est une pratique ancestrale, gardée secrète par les sages et les maîtres sorciers. Chaque outil, qu'il s'agisse d'une baguette, d'un cristal, d'un encens, ou d'un autre instrument magique, doit être soigneusement choisi, confectionné, et consacré pour résonner avec les énergies du sorcier ou de la sorcière. Cette section vous guidera à travers ce voyage fascinant et vous révélera les mystères de la création et de la consécration de vos outils magiques.

La Création des Outils Magiques

La Sélection des Matériaux: Le choix des matériaux est la première étape dans la création d'un outil magique. Chaque matériau, qu'il soit naturel ou synthétique, porte en lui une énergie unique. Par exemple, le bois de chêne est connu pour sa force et sa stabilité, tandis que le cristal de quartz amplifie l'énergie.

Mon Anecdote: Le grand sorcier Alaric, connu pour ses potions curatives, avait un penchant pour les herbes et les pierres qu'il trouvait dans la forêt enchantée de Eldermoor. Il affirmait que ces matériaux étaient baignés dans la lumière des étoiles, et c'est ainsi qu'il créait ses philtres magiques.

*La **Confection:*** La fabrication de l'outil doit être réalisée avec une intention claire et une concentration profonde. Certains choisissent de créer leurs outils lors de phases lunaires spécifiques ou à des moments astrologiquement propices.

*Mon **Anecdote:*** La légendaire sorcière Lysandra créa sa baguette lors de l'éclipse solaire, dans une forêt silencieuse, chantant une mélodie ancienne. Elle sculpta le bois d'if avec des runes sacrées, donnant naissance à un outil d'une puissance inégalée.

*La **Personnalisation:*** Personnaliser votre outil, en gravant des symboles ou en y attachant des objets spéciaux, peut augmenter sa résonance avec vos énergies. Cette étape transforme l'outil en un prolongement de votre âme.

*Mon **Anecdote:*** Le mage Orion attachait une plume de phénix à son bâton de pouvoir. La plume représentait la renaissance, et elle symbolisait son passage d'un état de doute à une maîtrise de la magie.

La Consécration des Outils Magiques

*Le **Nettoyage Énergétique:*** Avant la consécration, l'outil doit être purifié de toutes les énergies résiduelles. Cela peut être fait par le feu, l'eau, la terre, ou l'air.

Mon Anecdote: La jeune apprentie Mira nettoyait son cristal dans l'eau d'une source sacrée, chantant une prière de purification. Les eaux chantantes de la source enveloppaient le cristal, le lavant de toute impureté.

Le Rituel de Consécration: Le rituel de consécration est un moment sacré où l'outil est infusé avec votre intention et votre énergie. Cela peut être fait en méditant, en chantant, ou en utilisant des sortilèges spécifiques.

Mon Anecdote: Le druide Thalos consacrait ses outils en les plaçant dans un cercle de pierres, sous la pleine lune. Il dansait autour du cercle, invoquant les ancêtres et les esprits de la nature, liant les outils à son chemin magique.

Un Entretien Continu: La consécration n'est pas un acte unique; elle nécessite un entretien continu. Les outils doivent être gardés dans un endroit sacré et nettoyés régulièrement.

Mon Anecdote: La prêtresse Luna gardait ses baguettes et cristaux dans un autel orné de fleurs et de lumières. Elle les touchait chaque jour, murmurant des mots d'amour et de gratitude, gardant leurs énergies vives et pures.

La création et la consécration des outils magiques sont des actes profondément personnels et sacrés. Ils révèlent notre connexion intime avec l'univers et les énergies qui nous entourent.

La Création d'Outils Magiques dans Notre Monde Moderne

Dans l'âge de la technologie et de l'information, la magie a pris de nouvelles formes et s'est adaptée à notre monde moderne. Alors que les anciennes traditions continuent de prospérer, de nouveaux chemins s'ouvrent pour les sorciers et les sorcières qui cherchent à fusionner la magie avec la technologie et la science contemporaine. Dans cette section, nous explorerons la création d'outils magiques dans notre monde moderne, en examinant comment les principes anciens se mêlent aux innovations d'aujourd'hui.

La Technomagie

Les Outils Électroniques: De nos jours, les outils magiques ne se limitent plus aux baguettes et aux cristaux. Les smartphones, les ordinateurs et même les robots peuvent être programés et consacrés pour des fins magiques.

Mon Anecdote: Le mage cybernétique Seraph utilisait un ordinateur portable conçu spécialement pour la divination. Avec un logiciel de sa propre création, il pouvait prédire les énergies cosmiques et aligner ses sorts avec les étoiles.

Les Réseaux Magiques: Internet et les réseaux sociaux offrent des opportunités pour la collaboration et la connexion magique. Des forums en ligne et des groupes sociaux permettent aux praticiens de partager des connaissances et de collaborer sur des rituels à distance.

Mon Anecdote: La sorcière Lunaire, connue pour ses rituels de pleine lune, organisait des cérémonies en ligne où des milliers de personnes à travers le monde joignaient leurs énergies dans une méditation collective.

La Science de la Magie

L'Alchimie Moderne: L'alchimie, une ancienne branche de la magie, trouve une nouvelle vie dans la chimie moderne. Les alchimistes d'aujourd'hui utilisent des laboratoires équipés de la technologie la plus avancée pour créer des élixirs et des potions.

Mon Anecdote: Le docteur Alaric, un alchimiste moderne, a combiné la science médicale avec l'alchimie pour créer un élixir qui aide à la régénération cellulaire. Sa potion a été saluée comme une percée dans la médecine régénérative.

L'Énergie et Physique Quantique: Les principes de la physique quantique sont explorés par les mages modernes pour comprendre et manipuler les énergies à un niveau subatomique.

Mon Anecdote: La mage Qyara a travaillé avec des scientifiques dans un laboratoire de physique quantique, où elle a utilisé ses talents magiques pour influencer les particules subatomiques, démontrant une symbiose entre la science et la magie.

L'Éthique de la Magie Moderne

La Responsabilité et Durabilité: Dans un monde en rapide évolution, les sorciers modernes doivent considérer l'éthique et la durabilité de leurs pratiques, en utilisant des ressources éthiques et en réduisant leur empreinte écologique.

Mon Anecdote: Le druide Terra a lancé une initiative pour la récolte responsable des herbes magiques, en encourageant la communauté à cultiver leurs propres plantes et à respecter la nature.

Le Respect des Traditions: Tout en embrassant la modernité, il est crucial de respecter et d'honorer les traditions ancestrales. La fusion de l'ancien et du nouveau doit être faite avec soin et considération.

Mon Anecdote: Le sorcier Elden, un gardien des traditions, a créé un musée virtuel de la magie, préservant les connaissances anciennes tout en les rendant accessibles à la génération numérique.

La création d'outils magiques dans notre monde moderne ouvre des horizons passionnants et inexplorés. La fusion de la technologie, de la science, et de la magie ancestrale crée une palette riche et complexe qui défie les frontières entre le naturel et le surnaturel, le passé et le présent. Les mages modernes sont appelés à être des pionniers, des innovateurs, et des gardiens de la sagesse, naviguant dans ce nouveau paysage avec intégrité et imagination. Dans ce nouveau monde, les possibilités sont infinies, et la magie continue de nous émerveiller et de nous inspirer.

Nous avons traversé un voyage fascinant à travers l'exploration des outils magiques, depuis les instruments traditionnels comme les baguettes, les cristaux et l'encens, jusqu'aux innovations modernes dans la technologie et la science. Les sous-chapitres ont révélé la profondeur et la diversité des outils à la disposition des sorciers et sorcières d'aujourd'hui, ainsi que les principes sacrés qui guident leur création, leur consécration, leur utilisation et leur entretien.

Le monde magique n'est pas figé dans le temps; il évolue et s'adapte, embrassant la modernité tout en honorant les traditions ancestrales. Les outils magiques sont des extensions de notre volonté et de notre intention, des véhicules pour notre pouvoir intérieur. Ils sont aussi variés que les individus qui les utilisent, reflétant nos personnalités, nos croyances et nos aspirations.

Dans notre exploration des baguettes et cristaux, nous avons découvert le rôle essentiel qu'ils jouent dans la canalisation et l'amplification de l'énergie magique. L'art de la création et de la consécration a révélé la connexion sacrée entre le praticien et l'outil, une union qui va au-delà de la simple utilité. L'entretien et l'utilisation responsable des outils soulignent l'éthique et l'intégrité qui doivent guider nos pratiques magiques.

Le sous-chapitre sur la création d'outils magiques dans notre monde moderne a ouvert une fenêtre sur l'avenir de la magie. La technomagie, l'alchimie moderne et la fusion de la science et de la magie sont autant de signes d'une évolution passionnante dans notre compréhension et notre pratique de l'art magique.

En fin de compte, les outils magiques sont bien plus que de simples objets; ils sont des compagnons dans notre voyage magique, des symboles de notre engagement envers l'art, et des témoins de notre croissance et de notre transformation. Ils nous rappellent que la magie est vivante, dynamique et en constante évolution, et que nous sommes les gardiens et les innovateurs de cet héritage mystique. Leur pouvoir réside non seulement dans leur forme et leur fonction, mais aussi dans la sagesse et l'amour avec lesquels nous les infusons. Dans les mains du sorcier averti, ils deviennent des clés ouvrant les portes de l'inconnu, des guides vers des territoires inexplorés, et des amis fidèles sur le chemin de la découverte et de la réalisation de soi.

Chapitre 3 :
Les Éléments et les Symboles

Dans la trame mystique qui tisse notre existence, les éléments et les symboles occupent une place centrale, agissant comme les piliers fondamentaux et les clefs de voûte de la compréhension ésotérique. Ils sont le langage silencieux de l'Univers, le souffle vibrant de la création, les notes d'une mélodie cosmique que chaque tradition cherche à chanter.

A. Terre, Air, Feu, Eau - Ces quatre éléments primordiaux, dans leur simplicité brute et leur puissance inébranlable, forment le socle de la réalité matérielle et spirituelle. Ils ne sont pas de simples substances physiques, mais des symboles vivants, des archétypes qui représentent les aspects fondamentaux de l'existence.

B. Symboles et Sigils - Au-delà des mots et des formes, les symboles et les sigils sont des expressions visuelles de vérités universelles. Ils sont les empreintes des mystères, les cartes du voyage intérieur, les énigmes qui attendent d'être déchiffrées par l'âme en quête de sagesse.

C. Méditation et Connexion - La route vers l'illumination est pavée de silence et d'attention. La méditation est une porte ouverte sur l'infini, un pont jeté entre le moi et le Tout. Elle est la clé de la connexion avec les éléments et les symboles, l'ancre qui nous permet de plonger dans les profondeurs de notre être.

Dans ce chapitre, nous explorerons ces trois dimensions, naviguant sur les flots mystérieux de la Terre, de l'Air, du Feu et de l'Eau, gravant les sigils de notre destinée, et méditant sur la toile étoilée de notre connexion avec le cosmos. Nous allons dévoiler les secrets enfouis et les trésors cachés, éclairant les sentiers obscurs avec la lampe de la connaissance. Entrez, chère lectrice, cher lecteur, dans ce jardin enchanté, où chaque pierre, chaque souffle, chaque flamme, chaque goutte d'eau est une invitation à la découverte et à l'émerveillement.

La Terre, l'Air, le Feu, l'Eau

Les quatre éléments - Terre, Air, Feu, et Eau - sont les fondements de toute existence. Ils incarnent non seulement les formes physiques que nous percevons dans la nature mais servent également de métaphores pour les états émotionnels, mentaux, et spirituels de l'humanité. Leur compréhension et leur intégration sont essentielles dans les pratiques ésotériques.

La Terre : La Fondation Solide

La Terre, robuste et inébranlable, est l'élément qui symbolise la stabilité, les fondations solides, et l'enracinement. Elle s'exprime à travers diverses facettes :

- Physique : La Terre est la substance solide de notre monde. Elle forme les montagnes majestueuses, les rochers indomptables, et les sols fertiles qui nourrissent la faune et la flore.
- Métaphorique : Elle incarne la stabilité, la persévérance, et la réalité tangible qui guide notre chemin dans la vie.
- Spirituelle : Elle offre un ancrage profond et une connexion intime avec le monde matériel, nous rappelant notre appartenance à l'univers.

La Terre est plus qu'un élément ; elle est une incarnation vivante de la Mère Nature. Elle nourrit et supporte toute vie, nous enveloppant dans son étreinte chaleureuse et protectrice.

L'Air : Le Souffle de la Vie

L'Air, léger et insaisissable, est l'élément de l'intellect, de la communication, et de la mobilité. Il se manifeste dans divers domaines :

- Physique : Il prend la forme du vent qui danse à travers les feuilles, du souffle qui anime chaque être vivant, et des gaz qui composent notre atmosphère.

- Métaphorique : Il symbolise la pensée claire, la sagesse ancestrale, et l'inspiration qui alimente notre créativité.
- Spirituelle : Il nous offre la connexion avec le divin, l'illumination de l'esprit, et l'éveil de la conscience supérieure.

L'Air n'est pas simplement un élément ; c'est une force vitale qui nous rappelle la liberté de penser, de mouvement, et d'expression. Il nous invite à explorer les hauteurs de notre intellect et à voler vers des horizons sans limites. C'est le vent sous nos ailes, le souffle de la vie qui nous pousse à devenir plus que ce que nous sommes, un écho constant de notre potentiel sans fin.

Le Feu : La Flamme Transformative

Le Feu, ardent et vivant, est l'élément de la transformation, de la passion, et de la purification. Sa lumière éclatante et ses flammes dansantes incarnent :

- Physique : Le feu est la manifestation tangible de la chaleur et de la lumière, des étincelles qui donnent naissance à des flammes insatiables.
- Métaphorique : Il symbolise la volonté brûlante, l'ambition ardente, et le désir inextinguible qui

conduisent à la réalisation de nos rêves.

- Spirituelle : Le Feu agit comme un agent de renouveau et de renaissance, transmutant l'âme et brûlant les impuretés pour révéler notre essence la plus pure.

Le Feu n'est pas simplement un élément ; c'est une force vitale, un symbole puissant de la force de la vie. Il réchauffe nos cœurs, éclaire notre chemin, et transforme tout ce qu'il touche.

L'Eau : Le Courant de l'Émotion

L'Eau, douce et fluide, est l'élément de l'émotion, de l'intuition, et de la fluidité. Elle coule à travers nos vies comme :

- Physique : L'Eau prend forme dans les vastes océans, les rivières sinueuses, et les pluies nourrissantes qui bénissent la terre de leur douce étreinte.
- Métaphorique : Elle représente les sentiments profonds, l'empathie sincère, et l'amour inconditionnel qui lient nos âmes.
- Spirituelle : L'Eau reflète la clairvoyance, la réflexion méditative, et la profondeur insondable de l'âme, offrant un miroir pour nos émotions les plus intimes.

L'Eau n'est pas seulement un élément ; c'est un sanctuaire

pour l'âme, un lieu de guérison et de réflexion. Elle nous rappelle la beauté de notre humanité, la richesse de nos émotions, et la profondeur de notre intuition. C'est le courant qui nous guide, un flux constant d'émotion et de connaissance, une marée qui nous relie à la nature et à nous-mêmes.

En somme, la Terre, l'Air, le Feu, et l'Eau sont les piliers qui soutiennent l'existence dans ses dimensions physiques et métaphysiques. Ils sont à la fois des manifestations concrètes de la nature et des symboles de notre expérience intérieure. Leur équilibre et leur harmonie sont cruciaux pour l'équilibre de l'individu et du monde dans son ensemble. Chaque élément apporte une couleur unique au tableau de la vie, et ensemble, ils tissent le tissu complexe de la réalité. Le chemin de la compréhension de ces forces est un voyage d'exploration de soi et de l'univers, une quête sans fin de sagesse et de vérité.

Les Symboles et sigils

Les symboles et les sigils occupent une place prééminente dans de nombreuses traditions spirituelles et magiques. Ils servent de points focaux, de représentations condensées d'idées complexes et d'outils de transformation. Ce chapitre explore la richesse et la diversité de ces marques mystiques.

Définition des Symboles

Dans l'entrelacement complexe du langage humain et de la conscience, les symboles émergent comme des ponts entre le concret et l'abstrait, le visible et l'invisible. Un symbole, dans son essence, n'est pas simplement une image ou un signe. C'est une clé, une porte ouverte sur quelque chose de plus profond, de plus vaste, qui transcende la forme et touche l'âme.

Prenons par exemple la Croix, un objet simple de deux lignes perpendiculaires. Pour les yeux non initiés, elle peut sembler ordinaire, mais pour les fidèles, elle représente la foi chrétienne, l'amour divin, le sacrifice et la rédemption.

Le Ying et le Yang, ces formes en noir et blanc qui s'enroulent l'une autour de l'autre, vont au-delà de leur simplicité visuelle. Elles évoquent l'harmonie des forces opposées, la danse éternelle de l'ombre et de la lumière, la dualité qui maintient l'univers en équilibre.

Le Lotus, fleur qui pousse dans la boue pour s'épanouir à la surface de l'eau, est plus qu'une simple plante dans la tradition bouddhiste. Il symbolise la pureté, l'illumination, la sagesse qui émerge des profondeurs de l'ignorance. Comme le Lotus, l'âme humaine peut s'élever au-dessus des difficultés et s'épanouir dans la beauté.

Définition des Sigils

Si un symbole est une porte ouverte, alors un sigil est une clé forgée avec intention et but. Un sigil est un symbole magique, mais ce n'est pas seulement une représentation. C'est une création, une œuvre d'art qui concentre la volonté, la désire et l'énergie de son créateur.

Le Sigil de Protection n'est pas qu'un simple dessin. C'est une forteresse, une barrière invisible contre les forces obscures. C'est le gardien silencieux qui veille dans l'ombre, prêt à défendre et à protéger.

Le Sigil d'Amour, quant à lui, est un aimant, une attraction douce qui résonne avec les cordes de l'âme. Il n'est pas là pour contraindre ou forcer, mais pour inviter, pour éveiller le cœur à la possibilité de l'amour, à renforcer une relation existante ou à en attirer une nouvelle.

Les sigils sont des outils puissants dans les mains de ceux qui savent les utiliser. Ils capturent l'énergie, focalisent l'intention et transcendent le plan matériel pour toucher le domaine spirituel. Ils sont souvent utilisés dans les rituels pour manifester des désirs ou des changements, mais leur vraie magie réside dans leur capacité à connecter l'individu avec les forces profondes de l'univers.

À travers les symboles et les sigils, nous nous connectons à quelque chose de plus grand, de plus mystérieux. Ils sont les fils qui tissent la trame de notre existence, les échos de l'éternel dans le temporel. Dans leur simplicité et leur complexité, ils nous rappellent que nous sommes à la fois créateurs et créatures d'un monde rempli de magie et de signification.

La Symbolique Universelle

La symbolique transcende souvent les cultures et les époques, créant un langage universel compris intuitivement.

Les Formes Géométriques

Le Cercle: Dans la plénitude de sa forme, sans commencement ni fin, le cercle transcende la simplicité de sa forme. Il est l'image parfaite de l'éternité, un rappel constant de l'infinité de l'existence. Dans de nombreuses cultures, il incarne l'unité, l'intégrité et la perfection. Comme la terre tourne sans cesse sur elle-même, le cercle est un symbole de la vie éternelle, d'un mouvement perpétuel, un microcosme du cosmos.

Le Carré: Stable et solide, le carré est le fondement sur lequel nous bâtissons nos vies. Ses quatre coins égaux évoquent la stabilité, la solidité, et la rationalité. Il est le socle de la matière, la structure de notre monde physique, la terre sous nos pieds. Là où le cercle flotte dans l'éther, le carré est ancré, un rappel constant de notre réalité terrestre.

Le Triangle: Trois côtés, trois sommets, le triangle est la trinité incarnée. Il symbolise l'harmonie, l'équilibre et la divinité. Dans certaines traditions, il représente la connexion entre l'esprit, le corps et l'âme. Dans d'autres, il symbolise le père, le fils et le Saint-Esprit. Le triangle est une union sacrée, une fusion des opposés, une réconciliation des dualités en une entité complète.

Les Couleurs

Le Rouge: La couleur de la passion, du courage et de la volonté. Le rouge est le feu ardent qui brûle en nous, l'étincelle qui enflamme notre âme. Il symbolise notre désir, notre force, notre amour. Le rouge est la couleur du sang, la vie coulant dans nos veines, un rappel constant de notre humanité.

Le Bleu: Tranquille et apaisant, le bleu est la sagesse incarnée. Il est le ciel serein au-dessus de nous, l'océan profond en dessous. Le bleu est la réflexion, la méditation, la paix intérieure. Il nous invite à regarder en nous-mêmes, à chercher la vérité et à trouver la tranquillité dans la connaissance de soi.

<u>Le Vert:</u> La couleur de la croissance, de la guérison et de l'espoir. Le vert est la nature dans toute sa splendeur, les arbres, les plantes, la vie épanouie. Il symbolise la régénération, la renaissance, la vie qui renaît toujours de nouveau. Le vert est une promesse, un nouveau départ, une opportunité de guérison et de renouveau.

Dans la symbolique universelle, les formes et les couleurs sont les éléments primordiaux qui composent notre monde. Ils transcendent les langues, les cultures, et les époques pour toucher quelque chose de profond et d'universel en nous. Dans leur simplicité, ils portent une signification profonde, des vérités éternelles qui résonnent dans l'âme humaine. Leur compréhension nous donne accès à une sagesse ancienne, un langage universel qui parle directement à notre être intérieur.

Les Symboles dans Diverses Traditions

Les symboles et les sigils ne sont pas confinés à une seule tradition ou culture. Qu'ils soient chrétiens, païens, hindous ou autre, les symboles sont présents partout.

Un SymbolesCeltiques

Le Triskel: La triple spirale, symbole ancien gravé dans la pierre et le temps, représentant la trinité et le mouvement perpétuel. Dans la tradition celtique, le Triskel évoque la danse éternelle des forces de la vie, de la mort et de la renaissance. Il est le cycle de la nature, la rotation des saisons, une illustration parfaite du caractère cyclique de notre existence.

Un Symbole Égyptien

L'Ankh: Tenu par les dieux et les rois, l'Ankh est le symbole de la vie éternelle dans l'ancienne Égypte. Avec sa forme en croix surmontée d'une boucle, il incarne la clé de la vie, la fertilité, et l'immortalité. Il est la connexion entre le monde mortel et l'au-delà, une passerelle vers l'éternité.

Un Symbole Hindou

Om: Dans la spiritualité hindoue, Om est plus qu'un simple symbole; c'est le son primordial de l'univers, la vibration originelle à partir de laquelle tout a émané. Il est l'essence de la création, la voix de l'absolu. Méditer sur Om, c'est se connecter à la source, ressentir l'unité de tout ce qui existe.

Un Symbole Wiccan

Le Pentagramme: Cinq pointes, cinq éléments; le Pentagramme est un symbole sacré dans la tradition Wiccan. Il représente la Terre, l'Air, le Feu, l'Eau, et l'Esprit, et est souvent utilisé pour la protection et les rituels magiques. Il incarne l'équilibre, l'harmonie, et le pouvoir de la nature.

Les symboles et les sigils sont des empreintes de l'invisible, des clés pour déverrouiller les portes de la conscience, des outils de transformation spirituelle. Ils traversent les cultures et les traditions, parlant un langage universel de mystère et de signification. Leur étude et leur utilisation nous invitent à un voyage intérieur, une quête de sagesse et d'illumination.

À travers eux, nous explorons les profondeurs de notre âme, nous nous connectons à des vérités universelles et nous nous ouvrons à la beauté et à la complexité de notre existence. Ils sont des ponts entre le connu et l'inconnu, des guides vers la découverte de soi et de l'au-delà. Leur pouvoir réside dans leur capacité à éveiller en nous une résonance avec l'essence même de la vie. Leur étude est un chemin vers l'éveil, une voie vers une compréhension plus profonde de notre place dans le cosmos.

La Partie I de ce livre a servi de tremplin pour le monde mystique et fascinant de la magie, une réalité qui s'étend bien au-delà de simples tours de passe-passe. À travers ces trois chapitres, nous avons jeté les bases d'une compréhension complète et respectueuse de la magie sous toutes ses formes.

La magie, comme nous l'avons découvert, n'est pas une force à prendre à la légère; elle exige dévouement, respect et compréhension. Les chapitres de cette partie fonctionnent comme une porte d'entrée, ouvrant un chemin vers un voyage qui promet de révéler non seulement les secrets de l'univers mais aussi ceux de notre propre âme.

Ce n'est que le début de cette aventure. Ce qui nous attend dans les pages suivantes est un voyage plus profond dans les mystères et les merveilles de la magie, une exploration des rituels, des sortilèges et des connexions qui font de la magie une partie si vitale et enrichissante de notre expérience humaine.

PARTIE 2

Initiation à la Magie Blanche et à la Sorcellerie

Après avoir établi les fondations de la magie dans la Partie I, nous entrons maintenant dans une phase plus pratique et ciblée de notre exploration. La Partie II de ce livre se consacre à l'initiation à la magie blanche et à la sorcellerie, deux branches de la magie qui mettent l'accent sur l'équilibre, la guérison, la protection et la croissance spirituelle.

La magie blanche et la sorcellerie, contrairement à certaines idées reçues, ne sont pas des pratiques maléfiques ou dangereuses. Au contraire, elles sont profondément enracinées dans le respect de la nature, de l'humanité et de soi-même. Elles servent de guides et d'outils pour nous aider à naviguer dans le monde avec compassion, sagesse et pouvoir.

Chapitre 4 : Les Bases des Sortilèges nous introduira à l'art des sortilèges, depuis la structure fondamentale jusqu'aux sorts pour débutants, en mettant l'accent sur la manière de documenter et de réfléchir à notre pratique dans un journal magique.

Chapitre 5 : Rituels et Cérémonies nous guidera dans la création et la conduite de rituels et de cérémonies significatifs, y compris des rituels de protection et de guérison, ainsi que des célébrations sabbatiques qui nous connectent aux cycles de la Terre.

Chapitre 6 : Divination et Clairvoyance nous emmènera dans le monde mystique de la divination et de la clairvoyance, explorant des outils tels que le tarot, les runes, et la médiumnité, afin de développer notre intuition et notre compréhension des mondes visibles et invisibles.

La Partie II est une invitation à plonger plus profondément dans le cœur de la magie, à élargir notre conscience et à honorer les forces subtiles qui façonnent notre réalité. Les chapitres suivants serviront de guide pratique, mais aussi d'inspiration, pour ceux qui cherchent à comprendre et à maîtriser l'art noble et ancestral de la magie blanche et de la sorcellerie.

Que vous soyez un novice complet ou un praticien expérimenté, cette partie vous offre une opportunité unique de vous connecter avec la magie d'une manière authentique, respectueuse et éclairée. Préparez-vous à ouvrir votre esprit et votre cœur, car le voyage continue, et il promet d'être enrichissant et transformateur.

.

Chapitre 4 : Les Bases des Sortilèges

Structure d'un sort

L'art des sortilèges est une pratique ancienne et complexe qui nécessite une compréhension nuancée de la structure sous-jacente qui gouverne chaque sort. La structure d'un sort n'est pas simplement une formule magique à réciter ; c'est un équilibre délicat d'intention, de concentration, d'énergie et de symbolisme. Examinons ces composantes en détail.

1. L'Intention : L'intention est la colonne vertébrale de tout sort. Sans une intention claire et focalisée, un sort reste impuissant. L'intention n'est pas une simple pensée ou un désir ; c'est une force concentrée qui guide l'énergie du sort vers un but spécifique. Définir une intention exige une réflexion profonde et une méditation sur ce que vous souhaitez accomplir avec le sort.

2. La Concentration : La concentration est l'acte de focaliser votre esprit et vos énergies sur l'intention du sort. Sans concentration, l'énergie du sort peut se disperser, rendant le sort inefficace. La pratique de la méditation peut aider à améliorer la concentration et à garder l'esprit centré pendant le lancement d'un sort.

3. L'Énergie : L'énergie est la force vitale qui alimente le sort. Elle peut être puisée dans les éléments, les objets sacrés, les déités, ou même dans votre propre corps et esprit. Comprendre comment canaliser et diriger cette énergie est essentiel à la réussite d'un sort.

4. Le Symbolisme : Le symbolisme est l'utilisation de symboles, d'images, de couleurs et d'objets pour représenter des aspects du sort. Les symboles servent de raccourcis pour l'inconscient, aidant à aligner les énergies et les intentions du sort.

5. Les Paroles et Chant : Les mots ont un pouvoir. La récitation ou le chant de paroles spécifiques peut ajouter de la puissance au sort, créant une résonance vibratoire qui aide à manifester l'intention.

6. Le Timing : Le moment choisi pour lancer un sort peut avoir un impact significatif sur son efficacité. Les phases de la lune, les jours de la semaine, et même l'heure de la journée peuvent tous influencer l'énergie d'un sort.

7. Les Outils et Ingrédients : Certains sorts nécessitent l'utilisation d'outils spécifiques ou d'ingrédients magiques. Ces éléments peuvent servir à amplifier l'énergie du sort ou à agir comme des conducteurs pour diriger l'énergie.

Exemple de Structure de Sort

Pour illustrer la structure d'un sort, considérons un simple sort d'amour. L'intention pourrait être d'ouvrir votre cœur à l'amour, la concentration serait focalisée sur cette intention, l'énergie pourrait être tirée de la déesse de l'amour, les symboles pourraient inclure un cœur et la couleur rose, les paroles pourraient être un poème d'amour, le timing pourrait être la pleine lune, et les outils pourraient inclure une bougie rose et des pétales de rose.

Les Sorts pour débutants

L'apprentissage de la magie peut sembler intimidant pour les débutants, mais il existe de nombreux sorts simples et efficaces qui sont parfaits pour ceux qui font leurs premiers pas dans l'art magique. Voici quelques considérations à garder à l'esprit lorsque vous commencez :

1. *Commencez Simple :* Les sorts complexes avec de nombreux ingrédients et étapes peuvent être écrasants pour les débutants. Commencez par des sorts simples qui nécessitent peu ou pas d'outils.

2. *Comprenez Vos Intentions* : Avant de lancer un sort, assurez-vous de comprendre clairement ce que vous voulez accomplir. Écrivez votre intention si nécessaire.

3. Pratiquez la Méditation : La méditation peut vous aider à développer la concentration et la conscience nécessaires pour lancer des sorts efficaces.

4. Respectez l'Éthique : Comprenez l'éthique de la magie et assurez-vous que vos sorts ne nuisent pas à autrui ou ne violent pas leur libre arbitre.

5. Documentez Vos Expériences : Tenir un journal magique de vos expériences peut vous aider à apprendre et à grandir en tant que sorcier. Notez vos intentions, les étapes du sort, et les résultats.

Voici quelques sorts simples pour les débutants :

- Le Sort de Protection : Utilisez du sel, des cristaux de protection comme la tourmaline noire, et votre intention claire de créer un cercle protecteur autour de vous.

Préparation : Trouvez un endroit calme et placez les cristaux de tourmaline noire et une pincée de sel dans un petit récipient.

Tracez le Cercle : Tracez un cercle imaginaire autour de vous avec votre main droite.

Prononcez les Paroles : Placez vos mains au-dessus des cristaux et du sel et dites :

"Par la puissance de la terre et la protection de la pierre, je convoque un cercle pour garder le mal loin. Que ce sel et ces cristaux me protègent et repoussent ce qui ne me sert pas. Ainsi soit-il."

Conseils :

Vous pouvez aussi dessiner un cercle avec le sel autour de votre espace pour une protection supplémentaire.

- Le Sort de Chance : Avec une feuille de trèfle, une pièce de monnaie, et une intention concentrée, lancez un sort pour augmenter votre chance.

Préparation : Tenez une feuille de trèfle et une pièce de monnaie dans vos mains.

Concentration : Concentrez-vous sur votre intention d'attirer la chance.

Prononcez les Paroles : Dites :

"Par le pouvoir de ce trèfle et cette pièce brillante, j'invite la chance dans ma vie. Que chaque pas que je fais soit guidé par la fortune et la faveur. Ainsi soit-il."

Conseils :

Garder la pièce de monnaie avec vous comme talisman de chance après avoir lancé le sort.

- Sort d'Amour de Soi : Utilisez un miroir, une bougie rose, et une affirmation d'amour de soi pour créer un sort qui renforce l'amour et l'estime de soi.

<u>Préparation :</u> Allumez une bougie rose devant un miroir.

<u>Affirmation :</u> Regardez-vous dans le miroir et concentrez-vous sur l'amour et l'acceptation de soi.

<u>Prononcez les Paroles : Dites :</u>

"Avec cette lumière et cette réflexion, je célèbre moi-même. Je m'accepte, je m'honore, et je m'aime sans condition. Que cet amour m'accompagne toujours et me fortifie dans tous les aspects de ma vie. Ainsi soit-il."

<u>Conseils :</u>

Vous pouvez répéter ce sort régulièrement comme un rituel de soins personnels.

Ces sorts sont conçus comme des points de départ et peuvent être modifiés pour correspondre à vos croyances et pratiques personnelles. Comme toujours en magie, l'intention et la concentration sont clés, et vous devez agir de manière responsable et respectueuse.

Le Journal Magique

Un journal magique, aussi appelé Livre des Ombres, est un outil essentiel pour tout praticien de la magie. Il sert à documenter vos expériences, vos découvertes, vos sorts, et vos réflexions sur votre chemin magique.

1. *Le Choix du Journal :* Le choix du journal peut être une expérience personnelle et significative. Certains préfèrent un cahier orné et spécial, tandis que d'autres choisissent quelque chose de plus simple. Ce qui compte, c'est que vous vous sentiez connecté à lui.

2. *Le Contenu* : Votre journal magique peut contenir tout ce qui est pertinent pour votre pratique magique. Cela peut inclure des descriptions de sorts, des réflexions sur vos pratiques, des dessins et symboles, des transcriptions de rêves, et plus encore.

3. *La Confidentialité* : Pour certains, le journal magique est un lieu privé et sacré. Si la confidentialité est importante pour vous, envisagez de garder votre journal dans un endroit sûr ou même de le verrouiller.

4. L'Évolution : Votre journal magique évoluera avec vous alors que vous grandissez et changez dans votre pratique magique. N'hésitez pas à ajouter, à modifier, ou même à recommencer avec un nouveau journal si vous le sentez approprié.

5. *La Connection Spirituelle* : Pour beaucoup, le journal magique est plus qu'un simple cahier ; c'est un outil spirituel et un compagnon sur le chemin magique. Prenez le temps de le consacrer et de le bénir si vous le souhaitez, et traitez-le avec respect.

La compréhension et la maîtrise des bases des sortilèges sont essentielles pour tout aspirant sorcier. Avec la pratique, la patience, et la persévérance, vous pouvez découvrir et exploiter le pouvoir de la magie qui réside en vous et dans le monde qui vous entoure. Que votre chemin soit rempli de lumière, de sagesse, et de merveille.

Chapitre 5 : Rituels et Cérémonies

La magie, bien loin d'être une simple somme de sorts et d'incantations, est une valse énigmatique avec les forces invisibles, une danse complexe et mystérieuse régie par des lois impénétrables à l'esprit ordinaire. C'est un art subtil qui demande de l'étude, de la discipline, et surtout de la pratique. Dans ce chapitre, nous nous aventurons dans les profondeurs et les sacralités des rituels et des cérémonies qui constituent les piliers solides et inébranlables de la pratique magique.

Rituels de Protection

La sécurité est au cœur de toute pratique magique sérieuse. Les rituels de protection ne sont pas simplement des routines ; ils sont les fondations mêmes sur lesquelles tout le reste repose. Ils assurent la sécurité et la pureté de l'énergie, des éléments essentiels à toute pratique magique.

Rituel du Cercle Sacré :

Le Cercle Sacré est bien plus qu'un simple cercle tracé sur le sol ; c'est une barrière énergétique, un sanctuaire qui sépare le monde profane du monde sacré. Ce rituel implique des éléments comme le sel, symbole de pureté et d'ancrage, et les bougies, témoins de la lumière divine.

Les prières spécifiques invoquent les forces supérieures pour bénir l'espace. L'incantation pourrait être : "Je trace ce cercle de lumière, un sanctuaire de protection contre tout ce qui pourrait nuire. Ainsi soit-il."

À travers ces mots, le praticien invoque une protection divine, créant ainsi un rempart contre les énergies négatives.

Rituel de Purification d'Objets :

Chaque outil magique est un réceptacle d'énergie. La purification permet de dégager ces outils de toute énergie résiduelle qui pourrait les contaminer. Pour ce faire, des herbes sacrées comme la sauge, connue pour ses propriétés purifiantes, peuvent être utilisées.

L'objet est alors fumé avec la sauge, et les mots suivants peuvent être prononcés : "Par le feu et l'air, je purifie cet objet de tout ce qui ne sert pas. Ainsi soit-il."

Ces paroles, prononcées avec intention, effacent les énergies superflues et préparent l'objet à être un instrument de volonté divine.

Nous avons exploré les rituels de protection essentiels, des pratiques sacrées qui forment le socle de la magie. Ils ne sont pas de simples rites mais une philosophie, une façon de vivre et de comprendre le monde magique. Chaque geste, chaque parole est chargée d'un pouvoir immense, une puissance qui exige respect et compréhension.

Les Célébrations Sabbatiques

La roue de l'année tourne inlassablement, marquant le passage du temps à travers les saisons, la naissance, la croissance, la mort, et la renaissance. Au cœur de la tradition païenne, huit festivals sacrés, connus sous le nom de sabbats, rythment ce cycle éternel. Chacun porte en lui un message universel, une leçon sur la vie, la nature, et la Terre elle-même.

Samhain :

L'ombre de Samhain tombe à la fin de l'année, lorsque l'obscurité enveloppe la terre et annonce l'hiver. Ce n'est pas un temps de deuil, mais de contemplation, un moment pour honorer les ancêtres et réfléchir à la dualité de la mort et de la renaissance. C'est une célébration du passage, une reconnaissance que la fin n'est qu'un nouveau commencement.

Yule :

Avec Yule, la nuit la plus longue cède la place à la naissance du Soleil. C'est une célébration joyeuse du retour de la lumière. Feux crépitants, bougies scintillantes, chants vibrants — tout évoque la victoire de la lumière sur les ténèbres. Yule est une promesse que même dans l'obscurité la plus profonde, la lumière renaîtra.

Imbolc :

Imbolc est la première respiration du printemps, un temps de purification et de préparation. C'est le moment de nettoyer l'ancien pour accueillir le nouveau. Les feux brûlent avec espoir, et les eaux sacrées lavent ce qui doit être laissé derrière. Imbolc est un appel à l'éveil, une invitation à embrasser la croissance et le renouveau.

Ostara, Beltane, Litha, Lammas, Mabon :

Ces cinq sabbats embrassent les différentes étapes de la saison croissante. Ostara célèbre la renaissance et la fraîcheur du printemps, tandis que Beltane danse avec la fertilité et l'amour passionné. Litha, le solstice d'été, baigne dans la gloire du Soleil à son zénith. Lammas marque le temps de la récolte, une célébration de l'abondance et du dur labeur. Enfin, Mabon est un moment de gratitude et de remerciement, un adieu mélancolique à l'été.

Les sabbats ne sont pas de simples célébrations ; ils sont les battements du cœur de la Terre, des enseignements profonds sur le rythme naturel de la vie. Chacun d'entre eux est une méditation sur la beauté et la complexité de notre existence, un rappel que nous faisons partie d'un cycle plus grand et plus magnifique. À travers ces rituels, nous nous reconnectons avec la nature, et nous nous retrouvons nous-mêmes dans chaque saison, chaque lever de soleil, chaque feuille qui tombe.

Les Rituels de Guérison

Dans les méandres profonds de l'âme humaine, les rituels de guérison trouvent leur source et leur puissance. Ils sont les passerelles entre le monde visible et l'invisible, les outils par lesquels l'équilibre est restauré et la santé revitalisée. Qu'il s'agisse de guérir le corps ou l'esprit, pour soi-même ou pour autrui, ces rituels incarnent l'essence de la compassion, de l'empathie, et de la sagesse ancestrale.

Rituel de Guérison Émotionnelle :

Au cœur de ce rituel se trouve le désir de libérer les émotions bloquées, ces ombres silencieuses qui entravent l'âme. Utilisant des cristaux puissants tels que la malachite, symbole de transformation, ou le quartz rose, cristal de l'amour inconditionnel, ce rituel crée un espace sacré pour l'exploration et la libération.

Exemple de Paroles :

"Je libère la douleur qui m'enserre et j'ouvre les portes de mon cœur à l'amour et à la guérison. Dans cette lumière, je trouve ma paix. Ainsi soit-il."

Rituel de Guérison Physique :

Quand le corps souffre, la Terre elle-même semble tendre la main pour apporter réconfort et force. Ce rituel de guérison physique s'ancre dans les bienfaits des herbes médicinales, telle la camomille apaisante, et s'unifie avec l'énergie nourrissante de l'huile d'olive. C'est une invocation à la Terre et à la Mer, un chant pour un corps fort et en santé.

Exemple de Paroles :

"Par la Terre, mère nourricière, et par la Mer, miroir des émotions, que mon corps retrouve force, équilibre et vitalité. Dans l'harmonie de la nature, je trouve mon bien-être. Ainsi soit-il."

Les rituels de guérison ne sont pas de simples gestes ou paroles ; ils sont une alchimie mystique où les éléments, les plantes, les cristaux et les intentions se fondent en un tout puissant. Ils rappellent que l'humain est un microcosme de l'univers, lié à la Terre et au ciel, et que dans cette connexion réside une force de guérison infinie. Que ce soit pour panser une blessure du cœur ou apaiser une douleur physique, les rituels de guérison sont des ponts vers une vie plus équilibrée et une âme apaisée.

Au terme de ce voyage à travers les rituels et cérémonies, on découvre que ces pratiques anciennes sont bien plus que de simples traditions ou coutumes. Elles sont le reflet de l'âme humaine, une cartographie de notre lien avec le monde naturel, le cosmos et nous-mêmes.

Des célébrations sabbatiques qui marquent les rythmes de la Terre aux rituels de guérison qui touchent aux profondeurs de l'émotion et du physique, chaque rituel est une porte d'entrée vers une compréhension plus profonde de la vie. Ils nous rappellent notre appartenance à un univers plus vaste, où chaque élément, chaque saison, chaque émotion a sa place et son sens.

Les rituels et cérémonies sont des ponts, reliant le visible à l'invisible, le profane au sacré. Ils sont des chants et des danses, des prières et des invocations, des gestes et des symboles qui transcendent le langage et touchent l'essence de ce que signifie être humain.

Dans un monde où la technologie et la rapidité peuvent souvent nous déconnecter de nos racines, ces pratiques anciennes sont des phares, nous guidant vers une vie plus équilibrée, plus consciente, plus harmonieuse. Elles nous invitent à prendre un moment, à respirer, à célébrer et à guérir.

En cultivant ces rituels dans nos vies, nous nous honorons nous-mêmes, nous honorons la Terre, et nous tissons les fils d'une humanité plus empathique et connectée. Pour ceux qui cherchent à s'ancrer, à se connecter, à transformer, les rituels et cérémonies sont des outils puissants, des clés vers une existence plus riche et plus épanouissante.

Que ce chapitre vous inspire à explorer vos propres rituels, à créer vos propres cérémonies, et à trouver dans ces pratiques ancestrales un chemin vers votre propre vérité, beauté, et sagesse.

Chapitre 6 :
Divination et Clairvoyance

La divination et la clairvoyance sont des pratiques anciennes qui permettent aux êtres humains de jeter un regard sur l'inconnu, de découvrir les mystères cachés et de se connecter avec le monde spirituel. Cette exploration nous mène à travers des chemins de sagesse et d'intuition, nous guidant dans notre quête de compréhension de nous-mêmes et de l'univers qui nous entoure.

Le Tarot et Oracle

Le Tarot et l'Oracle sont des outils divinatoires fascinants, riches de symboles et de métaphores, qui offrent des perspectives profondes sur la psyché humaine et les forces universelles.

Le Tarot :

Le Tarot, avec ses 78 cartes, se divise en deux grandes catégories : les 22 arcanes majeurs et les 56 arcanes mineurs. Chaque carte a une signification unique et une imagerie riche, reflétant des aspects universels de la condition humaine.

<u>Les Arcanes Majeurs :</u> Ces cartes symbolisent les grandes

étapes de la vie, allant de l'innocence du Fou à la réalisation du Monde. Elles sont comme les jalons d'un voyage spirituel, marquant des moments de croissance et de transformation.

Les Arcanes Mineurs : Ces cartes se divisent en quatre suites (Coupes, Épées, Bâtons, Pentacles) qui représentent différentes facettes de l'expérience humaine. Elles offrent des insights sur nos émotions, nos pensées, nos actions et nos possessions matérielles.

Le Tarot est plus qu'un simple jeu de cartes; c'est un miroir de l'âme, une langue sacrée qui parle directement à notre inconscient. La lecture du Tarot est une forme de méditation, où l'on se connecte avec les cartes pour explorer les possibilités, les défis et les leçons de la vie.

L'Oracle :

Les cartes Oracle, contrairement au Tarot, n'ont pas de structure fixe ou de symbolisme universel. Chaque jeu d'Oracle est unique, créé avec une intention et un thème spécifiques. Certains peuvent être centrés sur les anges, les animaux totems, les chakras ou d'autres concepts spirituels.

L'Oracle est souvent utilisé pour la guidance quotidienne, offrant des messages clairs et directs. Il peut être un outil de réflexion personnelle, une manière de recevoir des messages de guidance, ou un moyen d'explorer des questions spécifiques.

Les cartes Oracle et Tarot peuvent être utilisées séparément ou en tandem, selon les besoins et l'intuition du lecteur. Ensemble, ils créent une expérience divinatoire riche et nuancée, permettant une exploration profonde de soi et du chemin de vie.

Les Runes

Les Runes sont une forme ancienne de divination et de magie, originaires des cultures nordiques et germaniques. Ces symboles, gravés sur des pierres ou des morceaux de bois, constituent un alphabet sacré utilisé à des fins divinatoires et magiques.

L'Alphabet Runique :

L'ensemble le plus connu de Runes est l'Elder Futhark, composé de 24 caractères. Chaque Rune a une signification et une énergie spécifiques, liées aux forces naturelles, aux animaux, aux dieux et aux concepts tels que la sagesse, la protection et la transformation.

La Lecture des Runes :

La lecture des Runes commence souvent par une méditation et une concentration sur la question ou le sujet de l'exploration. Les Runes sont ensuite jetées ou tirées d'un sac, et leur arrangement et leur orientation sont interprétés pour révéler des insights et des directions.

Les Runes peuvent être utilisées pour la guidance, la méditation, la magie ou le développement personnel. Elles sont des symboles puissants qui nous relient aux anciennes sagesses et aux forces de la nature.

La Magie Runique :

Au-delà de la divination, les Runes peuvent être utilisées dans la magie runique, où elles sont combinées et gravées pour créer des talismans et des amulettes. Ces objets sacrés portent l'énergie des Runes et servent à des fins de protection, de guérison ou de manifestation.

La Médiumnité et Intuition

La médiumnité est la capacité de communiquer avec le monde spirituel, notamment avec les esprits défunts. Les médiums agissent comme des ponts entre notre monde et l'au-delà, recevant des messages, des visions ou des sensations de la part des êtres spirituels.

La médiumnité peut être une expérience profonde et émouvante, offrant du réconfort, des réponses et une connexion avec les êtres chers qui ont quitté notre plan physique.

L'Intuition :

L'intuition, ou la "sagesse de l'âme", est cette voix intérieure qui nous guide sans raison apparente. Elle est cette connaissance instinctive, cette sensation dans le ventre qui nous dit quand quelque chose est juste ou faux.

Développer son intuition peut être un chemin vers la clairvoyance, l'ouverture de notre troisième œil pour voir au-delà du visible. Par la méditation, la pratique et l'écoute attentive, l'intuition devient un guide fiable, nous menant vers notre vérité intérieure.

Le monde de la divination et de la clairvoyance nous ouvre les portes de la compréhension, de la transformation et de la connexion à des forces plus grandes que nous. Qu'il s'agisse du symbolisme profond du Tarot, de l'énergie ancestrale des

Runes, ou de la connexion intime avec notre intuition et le monde spirituel, ces pratiques sont autant de chemins qui mènent à la sagesse et à l'éveil.

Dans un monde où la logique et la raison dominent souvent, la divination et la clairvoyance nous rappellent l'importance de l'âme, de l'imagination et de l'émotion. Elles nous offrent un moyen d'accéder à des vérités qui transcendent les frontières de la pensée conventionnelle, nous guidant dans notre quête de signification et d'harmonie.

Ces arts mystiques, enracinés dans des traditions ancestrales, continuent d'enrichir et d'éclairer nos vies modernes. Ils nous invitent à regarder au-delà de la surface, à plonger dans les profondeurs de notre être, et à embrasser la beauté et la complexité de l'expérience humaine.

La pratique de la divination et de la clairvoyance est une aventure personnelle, un voyage vers la découverte de soi et la connexion avec l'univers. Elle nous encourage à poser des questions, à chercher des réponses, et à suivre notre intuition, même lorsque le chemin semble incertain.

En fin de compte, la divination et la clairvoyance ne sont pas simplement des outils pour prédire l'avenir; elles sont des clés pour comprendre notre passé, naviguer notre présent et façonner notre avenir. Elles sont des guides, des mentors, et des amis qui nous accompagnent, nous soutiennent, et nous inspirent dans notre voyage unique à travers la vie.

PARTIE 3

Maîtrise de la Magie

L'apprentissage de la magie est un chemin sans fin, un voyage qui évolue et se transforme à chaque pas que nous faisons. Ce n'est pas simplement une quête de pouvoir ou une collection de tours et d'astuces; c'est une aventure spirituelle qui nous appelle à plonger plus profondément dans notre âme et à explorer les mystères de l'univers. La Partie III de ce livre, "Maîtrise de la Magie," est destinée à guider ceux qui ont déjà fait leurs premiers pas dans ce monde mystique et qui cherchent à approfondir leur compréhension et à affiner leurs compétences.

Le Chapitre 7, *"Magie Avancée,"* explore les arcanes de la magie à un niveau supérieur, révélant des sorts plus complexes et des rituels qui exigent une connaissance et une expérience approfondies. De la collaboration avec les esprits à la magie cérémonielle, ce chapitre offre un regard sur les pratiques qui dépassent les bases et plongent dans les domaines de la maîtrise magique.

Le Chapitre 8, *"La Voie du Sorcier,"* met l'accent sur la croissance personnelle et spirituelle, la découverte de sa propre voie, et l'importance de la communauté et du mentorat dans le développement magique. Ce chapitre offre des conseils et des perspectives pour ceux qui cherchent à se connecter plus profondément avec eux-mêmes et avec la tradition magique dans son ensemble.

Le Chapitre 9, *"Utiliser la Magie dans la Vie Quotidienne,"* apporte la magie dans notre monde quotidien, démontrant comment elle peut enrichir tous les aspects de notre vie, de la maison au travail, en passant par les relations. Ce chapitre illustre comment la magie n'est pas seulement un art réservé aux rituels et aux cérémonies, mais un mode de vie qui peut être tissé dans notre existence quotidienne.

En somme, cette partie du livre est un guide pour ceux qui aspirent à devenir non seulement des praticiens de la magie, mais des maîtres en la matière. Elle appelle à une réflexion profonde, à une pratique délibérée et à un engagement envers un chemin qui est à la fois ancien et toujours pertinent dans notre monde moderne. Que vous soyez un apprenti sorcier en quête de nouvelles connaissances ou un adepte expérimenté cherchant à affiner vos compétences, cette section vous offre les outils et les perspectives nécessaires pour avancer avec confiance sur votre chemin magique.

Chapitre 7 : La Magie Avancée

La magie, en son essence, est un art qui transcende le temps et l'espace, offrant au praticien des voies pour atteindre des réalités cachées et explorer des mystères ineffables. Alors que les bases de la magie sont essentielles et puissantes en elles-mêmes, la véritable maîtrise exige une immersion dans des pratiques plus complexes et profondes. Le Chapitre 7, "Magie Avancée," est une plongée dans ces domaines, un guide pour ceux qui cherchent à affiner leurs compétences et à explorer des territoires inexplorés de la pratique magique.

Les Sorts Complexes

La magie, dans son essence, est une science et un art qui transcende le domaine ordinaire de la compréhension humaine. Alors que la magie de base offre un accès initial à cet univers mystique, la magie avancée exige une perspicacité et une compétence accrues. La compréhension des sorts complexes est essentielle à cette progression, et elle nécessite une étude approfondie et une pratique soigneuse.

La Construction de Sorts

L'art de la construction de sorts complexes va bien au-delà de la simple combinaison d'ingrédients ou de l'exécution de rituels.

C'est une science délicate qui demande une maîtrise des éléments suivants:

- **Symboles ésotériques :** La connaissance des symboles ésotériques, tels que les sigils et les runes, permet au praticien de canaliser l'énergie d'une manière plus précise et puissante. Par exemple, l'utilisation du sceau de Vénus peut aider à attirer l'amour ou la beauté dans la vie de quelqu'un.

- **Correspondances planétaires :** Chaque planète régit un aspect différent de notre réalité. La compréhension de ces correspondances permet de tirer parti de leur influence. Une correspondance avec Jupiter, par exemple, peut être utilisée pour accroître la richesse et l'expansion.

- **Connaissance de l'astrologie :** L'astrologie permet de comprendre comment les énergies célestes influencent notre vie quotidienne. Un sort lancé lorsque la Lune est en Cancer peut, par exemple, renforcer les capacités psychiques.

La Magie des Miroirs

La magie des miroirs est une forme de sorcellerie qui utilise des miroirs comme portails vers d'autres réalités. Cela nécessite une grande maîtrise des techniques suivantes:

- **Divination** : En utilisant un miroir comme outil de divination, un sorcier peut entrevoir des événements futurs ou obtenir des réponses à des questions profondes. Cela peut impliquer l'utilisation d'un miroir noir dans une pièce sombre.

- **Guérison :** Les miroirs peuvent être utilisés comme canal pour la guérison à distance, en visualisant la personne dans le miroir et en dirigeant l'énergie curative vers elle.

- **Voyage astral :** Certains pratiquants utilisent des miroirs comme portails pour le voyage astral, permettant de visiter des lieux lointains ou même d'autres dimensions.

Sorts de Transformation

Les sorts de transformation sont conçus pour apporter des changements profonds et durables. Ils peuvent être délicats et nécessitent une compréhension des lois de la métamorphose:

- **Changement personnel :** Que ce soit pour gagner en confiance ou pour éliminer une mauvaise habitude, ces sorts peuvent impliquer des rituels prolongés et une concentration intense.

- *Changement environnemental :* Ces sorts peuvent être utilisés pour influencer le monde qui nous entoure, comme le sort de croissance pour aider une plante à fleurir ou un sort pour purifier une source d'eau.

Les sorts complexes nécessitent une pratique sérieuse et une étude dévouée. Comme l'a dit le grand alchimiste, "La magie est une route sans fin, et chaque étape est un défi pour l'âme." Le véritable magicien trouve la joie non seulement dans la destination mais aussi dans le voyage, et les sorts complexes sont une partie essentielle de ce parcours enchanteur.

Travail avec les Esprits

L'univers est peuplé d'une multitude d'êtres invisibles, des entités spirituelles qui habitent les plans subtils de la réalité. Le travail avec ces esprits est un aspect fondamental de la magie avancée, une pratique qui combine à la fois un respect profond, une connaissance intime et une sensibilité aux énergies subtiles. Ce domaine délicat et puissant se décompose en plusieurs aspects essentiels :

Communication avec les Esprits

La capacité à communiquer avec les esprits va bien au-delà

des simples intuitions ou des sentiments vagues. Cela nécessite une étude sérieuse et une pratique assidue des techniques suivantes:

- *Méditation Profonde :* Par la méditation, le praticien peut calmer l'esprit et s'ouvrir aux messages subtils des esprits. Cela peut être illustré par la méditation sur un symbole sacré connu pour favoriser la communication spirituelle, comme l'Ankh.

- *Techniques de Canalisation :* La canalisation permet au praticien de servir de pont entre les mondes physique et spirituel. Par exemple, un médium peut entrer en transe et permettre à un esprit de s'exprimer à travers lui.

- *Compréhension des Signes et des Symboles* : Les esprits peuvent communiquer à travers des signes et des symboles, comme des plumes trouvées sur votre chemin ou des séquences de chiffres récurrentes.

Guides Spirituels et Gardiens

Les guides spirituels et les gardiens sont des entités bienveillantes qui accompagnent le praticien sur son chemin magique. Établir une relation avec eux implique:

- **Confiance et Dévotion :** Il faut croire en l'existence de ces entités et leur montrer un respect inébranlable, comme dans le cas de la dévotion quotidienne à un ange gardien.

- **Sagesse et Soutien :** Ces entités peuvent offrir des conseils précieux, comme un guide animal qui peut apparaître dans une vision chamanique pour enseigner la patience ou la persévérance.

Exorcisme et Libération

Non tous les esprits sont bienveillants, et certains peuvent même être nuisibles. Le magicien avancé doit être prêt à faire face à ces défis:

- **Gestion des Entités Nuisibles :** Comprendre comment interagir avec ces esprits sans se mettre en danger est vital, comme l'utilisation de pentacles de protection.

- **Rituels d'Exorcisme :** Ces rituels, tels que l'ancien rite catholique d'exorcisme, peuvent être utilisés pour libérer une personne ou un lieu d'un esprit nuisible.

Le travail avec les esprits n'est pas une entreprise à prendre à la légère. Il exige une étude approfondie, une préparation minutieuse, et un cœur plein de respect et d'amour pour les entités invisibles qui peuplent notre monde. Le véritable magicien sait que ces êtres sont des partenaires dans le grand travail de l'existence, offrant des opportunités de croissance, de guérison et de compréhension qui dépassent les limites du monde physique. Leur sagesse est une ressource précieuse, un trésor caché qui attend ceux qui sont prêts à entrer dans le sanctuaire mystique de l'âme.

Magie Cérémonielle

Dans l'obscurité silencieuse d'une pièce secrète, éclairée par la lueur vacillante des chandelles et l'encens parfumé, la magie cérémonielle prend vie. C'est une danse délicate et formelle entre l'humain et le divin, une forme de magie qui exige une grande discipline, une précision, et une connaissance profonde des traditions anciennes. Voici les aspects clés de cette pratique mystique :

Rituels Sacrés

La création et l'exécution de rituels sacrés sont au cœur de la magie cérémonielle.

Par Exemple: Le Rituel du Pentagramme : Cet acte sacré implique une série de mouvements et de paroles, où chaque élément a sa propre signification. L'opérateur doit connaître la symbolique de chaque direction, chaque élément, chaque geste. Un faux pas, une parole incorrecte peut rompre l'harmonie, et le rituel peut perdre son efficacité. Le choix du timing, comme la pleine lune pour les rituels d'amour, ou l'alignement avec les forces cosmiques, comme un solstice, peut amplifier la puissance du rituel.

La Haute Magie

La Haute Magie est un chemin exigeant qui s'aligne avec des principes hermétiques et kabbalistiques.

Par Exemple: La Magie Énochienne : Créée par les érudits John Dee et Edward Kelley au 16ème siècle, la Magie Énochienne requiert une étude profonde de la langue énochienne, des sigils, et des systèmes de correspondance. C'est une magie qui nécessite des années de pratique dédiée, et l'utilisation de talismans, de cercles magiques et d'invocations précises pour communiquer avec les anges énochéens.

Initiations et Rites de Passage

Les initiations sont des rituels qui marquent des transitions profondes dans le chemin magique.

<u>Par Exemple:</u> L'Initiation Wiccane : Dans la tradition Wiccane, une initiation est un rite de passage qui accueille un nouvel adepte dans le cercle sacré. Ce rite est conçu avec une précision extrême, où chaque parole, chaque toucher, chaque symbole a un sens profond. Le guide, souvent un prêtre ou une prêtresse, doit comprendre comment créer et conduire ces rites, pour aider l'initié à traverser le seuil entre l'ancien monde et le nouveau.

La magie cérémonielle est une symphonie de l'âme, un écho de l'éternel dans le monde mortel. C'est une voie qui exige une dévotion totale, une conscience aiguë, et un respect profond pour l'ordre caché de l'univers. C'est une danse avec le divin, où chaque pas est mesuré, chaque note est chantée avec une intention pure, et chaque geste est un hommage à la grandeur de l'inconnu. C'est une voie pour ceux qui cherchent à transcender le profane et à toucher le sublime, à travers l'art sacré de la cérémonie et le mystère éternel de la magie.

Ce chapitre, "Magie Avancée," est une invitation à aller au-delà des fondations, à explorer les profondeurs de la magie et à s'engager dans une pratique qui exige à la fois rigueur et créativité. Que ce soit dans la création de sorts complexes, le travail avec les esprits, ou la pratique de la magie cérémonielle, ce chapitre offre un regard sur ce qui se trouve au-delà du voile, dans les domaines réservés à ceux qui cherchent à devenir des maîtres en magie.

La magie avancée n'est pas un domaine pour les faibles de cœur. Elle exige détermination, courage et un désir sincère de connaître et de maîtriser les mystères de l'univers. Puissent ces pages vous guider et vous inspirer alors que vous continuez votre voyage magique, toujours en avant, vers l'inconnu.

.

Chapitre 8 : La Voie du Sorcier

Dans les profondeurs mystiques de la réalité, là où les ombres dansent et les étoiles chuchotent, existe un chemin que seuls quelques âmes courageuses choisissent de suivre : la voie du sorcier. Ce n'est pas un chemin pour les timides ou les indécis, mais pour ceux qui cherchent à transcender les limites de l'existence ordinaire et à embrasser un monde de pouvoir, de sagesse et de magie.

La voie du sorcier est un voyage de découverte, un processus d'éveil qui nécessite de la détermination, de la persévérance et une profonde connexion avec le soi intérieur et l'univers. Ce chapitre explore les étapes cruciales de cette voie mystique, y compris le développement spirituel, la communauté et le mentorat, et la création de son propre chemin.

Développement Spirituel

Le développement spirituel est le cœur de la voie du sorcier. C'est une quête pour comprendre les mystères de l'existence, pour se connecter avec les forces divines, et pour éveiller les pouvoirs qui résident en nous. Ce développement implique plusieurs aspects :

Comprendre la Nature de la Réalité : Le sorcier doit apprendre à voir au-delà des apparences, à comprendre que la réalité est flexible et malléable. C'est un monde de symboles, d'énergies et de connexions qui attendent d'être découvertes. Le sorcier apprend à travailler avec ces forces, à les modeler à sa volonté, tout en respectant l'harmonie de l'univers.

Méditation et Introspection : La méditation est l'outil essentiel du sorcier pour explorer son esprit et son âme. C'est par la méditation que le sorcier peut accéder à son subconscient, explorer ses peurs, ses désirs et ses rêves, et se connecter avec son moi supérieur. À travers la pratique régulière, le sorcier apprend à calmer son esprit, à se concentrer et à atteindre des états de conscience altérés où la magie peut opérer.

Pratiques Énergétiques : La magie est l'art de travailler avec l'énergie. Le sorcier doit apprendre à sentir, à diriger et à transformer ces énergies subtiles. Cela peut inclure l'apprentissage du Qi Gong, du Reiki ou d'autres formes de guérison énergétique. Le sorcier doit aussi apprendre à protéger son énergie et à travailler avec les chakras et les méridiens.

Étude des Traditions Anciennes : La sagesse des anciens est un trésor inestimable pour le sorcier. L'étude des mythes, des légendes, des traditions ésotériques et des textes sacrés peut ouvrir des portes vers une compréhension plus profonde de la magie et de la spiritualité. Le sorcier peut se tourner vers le Tarot, la Kabbale, l'Alchimie, ou d'autres traditions pour enrichir son chemin spirituel.

Éthique et Intégrité : La voie du sorcier n'est pas sans responsabilités. Le sorcier doit développer un sens aigu de l'éthique et de l'intégrité. La magie peut être une force de guérison et d'illumination, mais elle peut aussi être détournée pour des fins égoïstes ou malveillantes. Le sorcier doit toujours se souvenir de la règle d'or : "Fais ce que tu veux, tant que cela ne fait de mal à personne."

Communauté et Mentorat

La voie du sorcier peut souvent sembler solitaire et isolante, car elle nécessite une plongée profonde dans le soi et un détachement de la vie matérielle. Cependant, le soutien d'une communauté et la guidance d'un mentor peuvent être inestimables dans ce voyage spirituel.

Trouver un Mentor : La guidance d'un mentor expérimenté peut aider le sorcier novice à naviguer les territoires complexes de la magie et de l'ésotérisme. Un mentor peut fournir des enseignements, des encouragements, et des corrections lorsque nécessaire. Il peut être un guide, un ami, un maître qui a déjà parcouru le chemin et qui est prêt à partager sa sagesse.

Par Exemple : Dans la tradition celtique, le druide était souvent un mentor pour le jeune apprenti, l'initiant aux secrets de la nature, de la divination, et des rituels.

Rejoindre une Communauté : Les covens, les groupes ésotériques, les cercles de méditation, et même les communautés en ligne peuvent fournir un soutien, une camaraderie et un partage de connaissances. Être entouré de personnes partageant les mêmes idées permet de croître, de s'inspirer et de travailler en collaboration pour des objectifs communs.

Par Exemple : Les covens de sorcières peuvent se réunir pour célébrer les sabbats, partager des rituels et créer un espace sacré pour la croissance spirituelle.

Enseigner et Partager : La voie du sorcier n'est pas seulement un voyage d'apprentissage, mais aussi d'enseignement. Partager sa propre sagesse avec d'autres, guider les nouveaux venus, et contribuer à la communauté est un aspect vital de la croissance spirituelle. Cela renforce la compréhension et permet de mettre en pratique les enseignements.

Par Exemple : Un maître Reiki peut choisir de transmettre

ses connaissances à ses élèves, non seulement en les enseignant mais en les guidant dans leur propre voyage de guérison.

Créer son Propre Chemin

La voie du sorcier n'est pas un chemin rigide et défini. C'est un voyage personnel, unique, et évolutif. Chaque sorcier doit créer son propre chemin, en s'inspirant des traditions, mais en étant fidèle à sa propre intuition, ses propres expériences, et ses propres croyances.

- *Explorer et Expérimenter :* Il n'y a pas de "bonne" ou de "mauvaise" manière d'être sorcier. L'exploration et l'expérimentation sont essentielles pour trouver ce qui résonne avec l'individu. Que ce soit à travers la magie de la nature, la divination, les rituels, ou d'autres voies, le sorcier doit être ouvert à la découverte et au changement.

- *Intuition et Écoute de Soi* : Le sorcier doit apprendre à faire confiance à son intuition et à son ressenti. La magie est une pratique vivante, qui communique et interagit avec le pratiquant. Apprendre à écouter ces chuchotements intérieurs, ces impulsions et ces rêves est crucial pour trouver son propre chemin.

- *Créer ses Propres Rituels et Symboles :* Bien que les

traditions anciennes offrent une riche source d'inspiration, le sorcier doit aussi sentir la liberté de créer ses propres rituels, symboles, et pratiques. Ces créations personnelles portent la puissance de l'individualité et peuvent être plus significatives et efficaces.

-   ***Respecter et Honorer son Propre Chemin :*** Chaque voie est unique, et il n'y a pas de comparaison à faire. Le sorcier doit respecter et honorer son propre chemin, même s'il diffère de celui des autres. Il n'y a pas de hiérarchie dans la spiritualité; chaque voie est valide et sacrée.

La voie du sorcier est un voyage éternel, un chemin sinueux plein de mystères, de défis et de beautés. C'est une quête d'illumination, de pouvoir, et de connexion avec l'invisible. Que ce soit à travers le développement spirituel profond, le soutien d'une communauté et d'un mentor, ou la création d'un chemin unique, chaque étape est un pas vers la compréhension de soi et de l'univers.

Ce chapitre n'est qu'une introduction à la richesse de la voie du sorcier. Chaque personne est invitée à explorer, à questionner, à chercher, et à trouver sa propre vérité dans ce vaste monde de la magie.

Que la lumière guide vos pas, et que la sagesse vous ouvre les portes des mystères insondables.

Chapitre 9 : Utiliser la Magie dans la Vie Quotidienne

L'art magique n'est pas simplement confiné aux cercles rituels, aux autels cachés, ou aux grandes cérémonies solennelles. La magie, dans son essence, est l'art de connecter, de transformer, et de manifester, et ces forces peuvent être appliquées dans tous les aspects de la vie quotidienne. Ce chapitre explore comment la magie peut être tissée dans les fibres mêmes de notre existence, créant une vie plus harmonieuse, plus enrichie et plus consciente.

Dans un monde qui souligne souvent le matérialisme et la rationalité, l'idée d'incorporer la magie dans notre vie quotidienne peut sembler étrange, voire naïve. Cependant, la magie, au sens le plus profond, n'est pas un écart de la réalité mais une plongée plus profonde dans elle. C'est l'art de reconnaître et de travailler avec les forces subtiles qui influencent notre existence, que ce soit dans notre maison, notre lieu de travail, ou nos relations.

La Magie dans la Maison

La maison est notre sanctuaire, un lieu de repos, de croissance et de sécurité. C'est aussi un espace où la magie peut être tissée de manière à créer une atmosphère d'harmonie, d'amour et de protection.

- ***Créer un Espace Sacré*** : Définir un coin de la maison comme espace sacré, où vous pouvez méditer, pratiquer des rituels ou simplement vous reposer, peut amener une énergie positive et paisible.

- ***Protection et Purification :*** Utiliser des herbes comme la sauge, le sel, ou des symboles protecteurs pour purifier et protéger votre maison des énergies négatives. Une simple purification régulière peut élever l'énergie de la maison.

- ***Magie Culinaire :*** La cuisine peut être un acte magique, où vous infusez vos plats avec des intentions, de l'amour et de la gratitude. Chaque ingrédient, chaque épice peut avoir une signification symbolique et magique.

- ***Jardinage Magique :*** Si vous avez un jardin, vous pouvez le transformer en un espace magique, en plantant des herbes et des fleurs qui ont des propriétés magiques, et en créant des espaces pour la méditation et la contemplation.

- ***Décor Magique :*** Utiliser des couleurs, des symboles, des cristaux et des objets ayant une signification magique pour décorer votre maison, en créant un environnement qui soutient vos intentions et vos désirs.

La Magie au Travail

Le lieu de travail peut souvent être source de stress et de conflits. Incorporer la magie au travail n'est pas un acte d'illusion, mais plutôt une manière consciente de créer un environnement plus positif et productif.

- *Méditation et Mindfulness (Pleine conscience)* : Prendre de petits moments pour méditer ou pratiquer la pleine conscience peut vous aider à rester centré et efficace, même dans les moments les plus stressants.

- *Amulettes et Talismans* : Porter une amulette ou un talisman qui a une signification personnelle peut vous aider à rester concentré, protégé et inspiré au travail.

- *Communication Magique :* Apprendre à communiquer avec empathie, honnêteté, et intention peut transformer les relations de travail. La parole peut être un outil magique si utilisée avec sagesse.

- **Objectifs et Visualisation** : Utiliser la magie pour clarifier vos objectifs professionnels, et les visualiser régulièrement, peut aider à les manifester dans la réalité.

- ***Éthique et Intégrité :*** Travailler avec une éthique solide et une intégrité sans faille n'est pas seulement bon pour les affaires; c'est une pratique magique qui attire le succès à long terme.

La Magie dans les Relations

Nos relations avec les autres sont un miroir de notre propre âme. La magie peut aider à guider, guérir et enrichir ces connexions.

- ***Amour et Partenariat :*** Utiliser la magie pour améliorer la communication, la compréhension et l'attraction dans une relation amoureuse. Cela peut être à travers des rituels, des symboles, ou simplement par l'intention consciente.

- ***Amis et Famille :*** La magie peut aider à guérir les anciennes blessures, à créer des liens plus profonds et à célébrer les joies avec la famille et les amis.

- ***Connexion et Compassion :*** Apprendre à voir les autres à travers un prisme magique, reconnaissant leur divinité et leur humanité, peut ouvrir la voie à une compassion et une connexion plus profondes.

- **_Résolution de Conflits :_** Utiliser la magie pour aborder et résoudre les conflits avec empathie, clarté et amour peut transformer les relations

- **_Développement Personnel :_** La relation avec soi-même est la plus importante de toutes. La magie peut aider à la croissance personnelle, à la découverte de soi, et à l'évolution constante vers une version plus haute de soi.

La magie dans la vie quotidienne n'est pas une évasion de la réalité, mais une immersion plus profonde dans elle. C'est reconnaître que nous sommes des êtres magiques, capables de créer, de transformer et de manifester. Que ce soit dans notre maison, notre lieu de travail ou nos relations, la magie est un chemin vers une vie plus riche, plus consciente et plus harmonieuse.

L'art de la magie n'est pas réservé à quelques élus, mais accessible à tous ceux qui sont prêts à voir avec les yeux du cœur et à agir avec intention et amour. Puissions-nous tous embrasser la magie de la vie quotidienne et marcher dans ce monde avec émerveillement, sagesse et grâce.

Embrasser l'Énigme
Un Chemin vers la Conscience
Magique

Nous voilà, chers amis, à la fin de ce voyage extraordinaire. Qui aurait cru que la magie pourrait nous toucher de tant de manières? Que ce soit à travers des rituels anciens, des moments sacrés de la vie quotidienne, ou les liens profonds que nous tissons avec ceux qui partagent notre chemin, la magie nous a ouvert les yeux sur un monde plus vaste et plus mystérieux.

Le chemin que nous avons parcouru ensemble n'est pas seulement fait de sorts et de symboles. C'est un chemin du cœur, plein de curiosité, d'émerveillement, et d'amour. Ce n'est pas un chemin facile, mais c'est un chemin enrichissant, qui nous appelle à être vrais, courageux, et compatissants.

Vous avez soif d'en savoir plus ? Moi aussi ! La beauté de la magie, c'est qu'il y a toujours plus à apprendre. Il existe des livres, des ateliers, et des communautés prêts à vous accueillir. Suivez moi , suivez ma page Autrice également, car je pense publier d'autres ouvrages dans ce domaine

Et maintenant, à vous la main. La magie ne s'arrête pas à la dernière page de ce livre. Elle vous attend à chaque coin de rue, dans chaque sourire partagé, dans chaque étoile qui scintille dans la nuit.

N'ayez pas peur de suivre votre cœur, de poser des questions, de chercher vos propres réponses. La magie est une danse avec l'inconnu, une étreinte avec l'énigme de la vie. Vous n'êtes pas seul. Nous sommes tous sur ce chemin ensemble.

Avec un cœur ouvert et une âme pleine d'espoir, je vous invite à continuer ce voyage magique. Que vos pas soient légers, que votre esprit soit libre, et que la magie vous accompagne toujours.

.

Arielle Ashwood

Chère Lectrice, cher Lecteur

Si vous avez pris le temps de parcourir ces pages, de vous immerger dans les mystères et les merveilles de la magie, alors nous avons déjà partagé quelque chose de spécial. Ce livre a été écrit pour vous, pour éclairer votre chemin, pour inspirer votre cœur, pour éveiller votre âme.

Maintenant, c'est à votre tour de partager. Votre voix est importante. Votre expérience est unique. Et elle peut illuminer le chemin de quelqu'un d'autre.

Je vous invite donc à laisser un avis sur la page du livre. Dites-moi ce que vous avez aimé, ce qui vous a touché, ce qui vous a défié. Partagez vos expériences, vos découvertes, vos rêves. Chaque commentaire sera lu, chaque mot sera ressenti. Votre avis ne m'aide pas seulement à comprendre ce qui résonne avec vous, mais il aide aussi les autres lecteurs à trouver leur propre chemin dans ce vaste univers de la magie.

Et si vous vous sentez inspiré, partagez ce livre avec ceux que vous aimez. La magie est un don qui se multiplie lorsqu'il est partagé.

Merci de m'avoir accompagné dans ce voyage. Merci de

continuer à faire vivre la magie. Chaque pensée, chaque mot, chaque geste crée des ondes qui se propagent dans l'univers. Vous faites partie de cette belle danse.

Avec toute ma gratitude et mon amour pour votre esprit magique,

Arielle Ashwood

P.S. Que la magie vous accompagne toujours, dans les grands rituels et les petits moments, dans les rêves éveillés et les nuits étoilées. Vous êtes la magie.

Libérez la magie qui est en vous

Printed in Poland
by Amazon Fulfillment
Poland Sp. z o.o., Wrocław

24834838R00072